APPRENDRE À CALCULER À L'ÉCOLE

Les pièges à éviter en contexte francophone

Rémi Brissiaud

RETZ
www.editions-retz.com
9 bis, rue Abel Hovelacque
75013 Paris

Sommaire

Introduction 5

Chapitre 1 : Pourquoi Mathieu ne sait-il pas calculer ? Parce qu'à l'école, il apprend à compter comme Matthew . 9

- À la recherche des causes de la baisse 10
  - Ni Mai 68, ni la réforme des maths modernes. 10
  - Et d'autres causes d'ordre général ? 11
- La pédagogie du comptage à l'école : le « basculement de 1986 » 13
- Enseigner le comptage « à la Gelman », c'est enseigner un comptage-numérotage.............................. 15
- Les progrès que permet le comptage-numérotage 17
- Mais le comptage-numérotage éloigne les élèves du calcul 18
- Une autre possibilité : enseigner d'abord les décompositions des nombres 2 et 3...................................... 20
- Puis enseigner le comptage-dénombrement 21
  - Enseigner le comptage-dénombrement de manière encore plus explicite 22
  - Privilégier la signification cardinale des mots-nombres... 23

Chapitre 2 : Renouer avec la culture pédagogique des pays francophones.................................... 25

- Décompositions et comptage-dénombrement dans les discours pédagogiques vers 1950-60 25
- Les élèves « mal débutés » selon Henri Canac.............. 27
- Entre 1920 et 1950, l'élaboration d'une méthode « nouvelle » qui prévaut jusqu'en 1970.............................. 29
- 1970 : les fondamentaux de la culture pédagogique de l'école sont préservés 31

Chapitre 3 : Le « basculement » de 1986 : un fiasco impossible à empêcher.. 37

- J.-P. Chevènement et le basculement de 1986 : un malentendu 37
- Dans l'Éducation nationale : la pensée unique 38
- Et dans la recherche en psychologie ? 43

ISBN : 978-2-7256-3163-9

- Un outil pédagogique dont il faut se méfier : la « file numérotée » 47

Chapitre 4 : Aujourd'hui, des raisons d'espérer **49**
- Des recherches en psychologie qui confortent la culture pédagogique francophone 49
- La connaissance des obstacles liés à l'usage de la langue française 54
  - La polysémie du mot « un » dans la langue française 54
  - Le pluriel des noms qui ne s'entend pas dans la langue française 55
- Et un rapport d'inspecteurs généraux 56

Chapitre 5 : Aujourd'hui, des raisons d'être inquiet **57**
- Concernant la psychologie, une situation proche de celle des années 70-90 57
- Une publication institutionnelle déconnectée de la recherche 59
- Revenir à un « avant » mal connu pour sauver le calcul en France 62
- Le fonctionnement institutionnel de l'ÉN s'est dégradé sous Robien-Darcos-Chatel 65
- Un IFÉ aussi ambivalent que l'ex-INRP 67

Chapitre 6 : Les trois avenirs possibles **69**
- Les TICE au secours du basculement de 1986 69
- Davantage de ludique et moins de symbolique 70
- Reconstruire une culture pédagogique des premiers apprentissages numériques 77
  - Distinguer le comptage-numérotage et le comptage-dénombrement 78
  - Distinguer les configurations non numériques et les collections-témoins 79
  - Distinguer le comptage sur les doigts et le calcul sur les doigts 80

Chapitre 7 : Une chance historique à ne pas rater **83**
- Estimer l'échec scolaire induit par le basculement de 1986 83
- Une chance historique de refonder la pédagogie des nombres : il faut la saisir 86

Bibliographie **92**

INTRODUCTION

Une baisse avérée des performances

Les chercheurs et les responsables du système éducatif français s'accordent aujourd'hui (2012) sur le constat d'une baisse importante des performances en calcul dès la fin de l'école primaire. Pour l'essentiel, ils s'appuient sur une étude de la Direction de l'évaluation, de la prospective et de la performance (DEPP) dans laquelle Thierry Rocher compare les performances en calcul des élèves de CM2 scolarisés en 1987, 1999 et 2007 (Rocher, 2008).

Ce type d'étude comparative est plus aisée lorsque les épreuves proposées sont identiques à chaque passation. Ce ne fut pas le cas en 1987 et 1999. C'est la passation de 2007 qui permet de résoudre la difficulté car elle a été construite avec des exercices prélevés à la fois dans les épreuves de 1987 et dans celles de 1999 afin de rendre possible la comparaison entre les trois dates. L'épreuve de 2007 ayant un grand nombre d'exercices communs avec chacune des deux autres, la comparaison entre 1987 et 1999 résulte d'un mode de traitement statistique aujourd'hui bien maîtrisé qui consiste en une sorte de « triangulation » prenant appui sur les résultats de 2007. Thierry Rocher montre ainsi de manière robuste que les performances en calcul **se sont très fortement dégradées entre 1987 et 1999** et sont restées relativement stables, à ce bas niveau, en 2007.

Être exhaustif dans la recherche des causes

Une fois établie la baisse des performances, il faut s'interroger sur ses causes. Sur le papier, en effet, celles-ci sont susceptibles d'être nombreuses et de natures très diverses.

Dans le chapitre 1, nous commencerons par examiner les éventuelles causes d'ordre général : des phénomènes sociaux ou sociétaux tels qu'une moindre appétence pour le savoir, un moindre nombre d'heures consacrées au sommeil, plus d'heures passées devant les écrans, etc. Nous examinerons également l'influence éventuelle de pratiques numériques extra-scolaires comme le fait d'aller faire les courses dans les commerces de proximité. Nous examinerons enfin les pratiques pédagogiques des maîtres de cycle 3. Nous verrons qu'aucun de ces éventuels facteurs explicatifs ne peut être retenu.

Mais une autre cause possible s'impose immédiatement à l'esprit de ceux qui connaissent l'histoire des pratiques pédagogiques : les élèves qui étaient en CM2 en 1987, ceux qui calculaient encore bien, font partie des dernières générations d'écoliers français ayant fréquenté une école maternelle dont les méthodes s'inspiraient du grand psychologue genevois, Jean Piaget. Ils sont parmi les derniers à n'avoir pas du tout appris à compter à l'école maternelle. En effet, la circulaire ministérielle qui met fin à la période piagétienne de l'école maternelle concernant les apprentissages numériques, date de 1986 (MEN, 1986).

Dans la continuité de *Premiers pas vers les maths*

Il faut donc suspecter les pratiques pédagogiques concernant les premiers apprentissages numériques dans l'école d'après 1986. Cela n'étonnera guère les lecteurs de *Premiers pas vers les maths*, ouvrage paru en 2007 dans la même collection. En effet, bien que publié avant l'étude de la DEPP, l'essentiel de son propos consistait en une mise en garde contre certains effets délétères de la pédagogie du comptage préconisée officiellement depuis 1986. Alors, l'alerte étant déjà faite, pourquoi ce nouveau livre ?

Tout d'abord, pour revenir sur certains points qui ont pu susciter quelques incompréhensions. Certains lecteurs, par exemple, ont pensé que c'était tout enseignement du comptage qui devait être banni de l'école maternelle. Or, nous verrons qu'il existe deux façons d'enseigner le comptage, appelées respectivement « comptage-numérotage » et « comptage-dénombrement ». Si les enseignants doivent se méfier de la première, ils doivent au contraire s'emparer de la seconde.

Mais la principale raison de ce nouveau petit livre est le projet, en partant des mêmes idées, de les présenter dans une perspective à la fois historique et prospective en s'intéressant au passé, au présent… et à l'avenir.

Refonder la pédagogie des nombres et du calcul à l'école maternelle et au CP

L'objectif principal de ce livre est ainsi de montrer, à partir d'une analyse des données conduisant au diagnostic d'une baisse brutale des performances après 1986, que la pédagogie des nombres doit être repensée dès l'école maternelle et le CP ; elle nécessite même une véritable refondation ; un simple replâtrage de tel ou tel aspect des pratiques pédagogiques actuelles serait inefficace. Et cette refondation doit être celle de la culture pédagogique au sens où l'école doit renouer, concernant les apprentissages numériques, avec la culture pédagogique qui était la sienne depuis 1923 environ et jusqu'en 1986.

En effet, il sera montré qu'au niveau de l'école maternelle et du début de l'élémentaire, c'est pour l'essentiel la continuité qui prévaut entre 1923 et 1986. Entre ces deux dates, il y eut bien la réforme de 1970, celles des « mathématiques modernes », mais elle n'a pas créé la rupture que certains croient : ce qui apparaissait fondamental aux pédagogues avant 1970 est resté traduit dans les pratiques après cette date.

En revanche, après la publication de la circulaire concernant l'école maternelle de 1986, les élèves se sont mis à apprendre en France comme aux États-Unis, un pays qui ne possède pas d'institution équivalente aux classes de petites et moyennes sections de notre école maternelle et dont la langue, l'anglais, favorise mieux l'accès au nombre que la nôtre. C'est ainsi que depuis 1986, en France, Mathieu apprend à compter à l'école maternelle comme Matthew l'a toujours fait dans sa famille aux États-Unis.*

* Ce livre a bénéficié des lectures attentives et critiques de Philippe Champy et André Ouzoulias. Qu'ils trouvent ici des remerciements renouvelés.

POURQUOI MATHIEU NE SAIT-IL PAS CALCULER ? PARCE QU'À L'ÉCOLE, IL APPREND À COMPTER COMME MATTHEW

Entre 1987 et 1999, les performances en calcul des écoliers français se sont fortement dégradées. Thierry Rocher, ingénieur statisticien à la DEPP a montré qu'entre ces deux dates, la moyenne des élèves de CM2 baisse des 65% de l'écart-type initial (Rocher, 2008).

Pour avoir une idée de ce que représente une telle baisse, il suffit de noter qu'en se basant sur le dispositif EIST (comparaison 6ᵉ-5ᵉ) et sur PISA (comparaison 3ᵉ-2ⁿᵈᵉ), études menées au collège et au lycée, on observe que le bénéfice d'une année d'apprentissage entre la 6ᵉ et la 5ᵉ et entre la 3ᵉ et la 2ⁿᵈᵉ est de 40-50% de l'écart type initial (communication personnelle de Thierry Rocher) ; ce bénéfice est à comparer avec la baisse de 65% à un même niveau de classe entre 1987 et 1999. On peut donc parler d'une sorte d'effondrement des performances se produisant entre 1987 et 1999.

En revanche, les performances se stabilisent à ce bas niveau entre 1999 et 2007 (la baisse se poursuit mais de manière non significative).

À la recherche des causes de la baisse

Face à de tels résultats, il convient évidemment d'examiner de manière assez précise la méthodologie utilisée : n'y aurait-il pas un biais dans le mode de traitement statistique ? Ayant eu un échange avec Thierry Rocher, il est formel : si on refait les traitements statistiques en introduisant des conditions très défavorables à l'hypothèse d'une baisse, les résultats restent si nets que, dans tous les cas, il faut considérer que l'on est face à une sorte d'effondrement des performances.
Dans le domaine médical, lorsqu'un tel phénomène est mis en évidence, on se livre à ce qu'on appelle une étude d'épidémiologie, en partant à la recherche des facteurs susceptibles d'expliquer le phénomène. Il faut évidemment viser l'exhaustivité, ce que l'on va s'efforcer de faire.

Ni Mai 68, ni la réforme des maths modernes

L'étude de la DEPP infirme ce que Luc Chatel avançait comme explication lors d'une intervention au Sénat, en mars 2011 : « *Pendant de nombreuses années, en conséquence sans doute de Mai 68, notre système éducatif a en effet oublié qu'enseigner, c'est d'abord transmettre des savoirs...* ». Elle infirme également ce que pensaient quelques académiciens des sciences qui, dans une lettre au ministre du 25 janvier 2007, soulignaient l'urgence qu'il y aurait eu « *d'inverser le mouvement de régression entamé depuis les années 1970* ». La date de 1970 n'est pas un hasard : c'est celle d'entrée en vigueur des programmes de l'école primaire qui marquent le début de la « réforme des mathématiques modernes ». On se rappelle mal aujourd'hui le phénomène social que fut cette réforme. Elle est notamment à l'origine du samedi après-midi libéré pour les enfants mais studieux pour les instituteurs : ils devaient le consacrer à se « recycler » en mathématiques modernes (à l'époque, les sessions de formation continue s'appelaient des « stages de recyclage »). Dès 1970, de très grands mathématiciens, dont René Thom, avaient été très hostiles à cette réforme, et les académiciens qui, en 2007, s'adressaient ainsi au ministre ne faisaient que s'inscrire dans cette continuité : de leur point de vue, la baisse des performances en calcul était la preuve que cette réforme n'aurait jamais dû avoir lieu.

Or, le diagnostic du ministre, comme celui de ces académiciens, était erroné : en 1987, près de 20 ans après Mai 68, 17 ans après la réforme des maths modernes (1970), les élèves calculaient encore bien. Là encore, pour donner une idée de ces performances, on peut noter qu'une multiplication telle que 247 x 36 était réussie par 84% des élèves de CM2 en 1987 ; l'addition en colonnes de trois nombres 19 786 + 215 + 3 291 était réussie par 94% de ces mêmes élèves (Rocher, 2008). Dans un cas comme dans l'autre, il sera difficile de faire mieux à l'avenir parce que de tels taux de réussite sont élevés et, à partir d'un certain score, il est difficile de progresser encore (on appelle cela un « effet plafond »). En 1987, les élèves calculaient encore bien et ce serait déjà un beau progrès de retrouver les performances d'alors. En 2007, en effet, le taux de réussite à la même multiplication n'est que de 68% (84% auparavant) et celui de la même addition de 83% (94% auparavant) : même les additions, une opération dont les élèves de CM2 répètent l'exécution depuis bien longtemps, sont moins bien réussies.

Mieux valait être un élève apprenant le calcul dans les vingt années ayant suivi Mai 68 et les dix-sept années ayant suivi la réforme des mathématiques modernes qu'un élève d'aujourd'hui. Comme nous allons le voir, cette erreur de diagnostic des académiciens a rendu singulièrement difficile l'émergence d'un autre diagnostic, permettant, lui, d'expliquer la forte dégradation des performances en calcul.

Et d'autres causes d'ordre général ?

Durant la période 87-99, les moyens accordés à l'école sont revalorisés de manière importante : le statut et la rémunération des professeurs d'écoles est aligné sur celui des professeurs certifiés, la formation professionnelle est conséquente, etc. Il n'y a donc pas d'explication à trouver de ce côté-là.

Un autre résultat de l'étude de la DEPP doit être souligné : la baisse s'effectue dans les mêmes proportions quelle que soit la catégorie sociale du chef de famille. Que celui-ci soit agriculteur, cadre ou profession intellectuelle, employé, inactif… il n'y a pas d'interaction entre l'évolution des performances et cette catégorie sociale. C'est un résultat très rare et Thierry Rocher souligne dans sa note qu'il suggère « un effet principalement lié à l'apprentissage scolaire ». En effet, on aurait pu avancer comme facteur explicatif à l'effondrement des performances le fait que la condition sociale de certains enfants se dégrade durant cette période, suite au phénomène de ghettoïsation des banlieues, par exemple. Or, une explication de ce type ne tient pas : la baisse affecte dans les mêmes proportions les enfants d'ingénieurs et ceux de chômeurs.

Un dernier résultat mérite qu'on s'y arrête : l'effondrement des performances en calcul se produit entre 1987 et 1999 alors que la même étude de la DEPP montre qu'il n'y a pas de baisse des performances en lecture et en dictée durant la période 1987-1997. Là encore, cela permet d'avancer dans la recherche des causes de la baisse, parce que la plupart des facteurs généraux tels que l'augmentation du temps passé devant la télé ou la console de jeu, la diminution du temps de sommeil des enfants, une évolution des rapports éducatifs au sein des familles… ne peuvent pas être retenus non plus. On comprendrait mal en effet que de tels phénomènes affectent de manière spécifique le calcul et non la lecture ou la dictée ; on comprendrait mal également qu'ils aient eu un effet fulgurant durant les deux années de non-recouvrement des périodes d'étude (1987-1999 pour le calcul et 1987-1997 pour la lecture et la dictée).

On en vient donc à envisager les causes d'ordre pédagogique. Cela conduit à comparer les pratiques pédagogiques de la période 1970-1987 avec celles de la période qui suit (1987-2007). En fait, nous commencerons effectivement par comparer ces deux périodes, mais, dans un second temps, nous verrons que c'est la période 1923-1986 qu'il faut comparer avec la période qui suit (1987-2007). En effet, comme on va le montrer, la réforme de 1970, que certains considèrent comme un bouleversement, s'est en réalité effectuée en préservant ce qui était au cœur de la culture française des premiers apprentissages numériques. De plus, pour une meilleure intelligibilité, c'est 1986, et non 1987, qui sera retenue comme date charnière, parce que c'est en 1986 que paraît un texte officiel qui institutionnalise un basculement de la pédagogie du nombre à l'école maternelle.

La pédagogie du comptage à l'école : le « basculement de 1986 »

Entre 1970 et 1986, suite aux travaux de Piaget, les pédagogues doutaient que les enfants puissent profiter d'un enseignement des nombres avant 6-7 ans et, à l'école maternelle, l'accent était mis sur des activités qualifiées de « prénumériques ». Les enseignants distribuaient par exemple à leurs élèves des blocs en PVC de formes, tailles, épaisseurs et couleurs différentes et les enfants devaient trouver tous les triangles rouges, puis les triangles rouges épais. Ils avaient aussi à mettre en série des tiges de tailles différentes, etc. Le comptage n'était d'aucune façon préconisé et jamais un enseignant n'aurait fait compter ses élèves le jour de la visite de l'inspecteur.

Qui se souvient encore que dans *Le Monde de l'éducation* de novembre 1982, on pouvait lire : « *Pour des enfants de cinq ans, apprendre à compter jusqu'à dix n'a guère d'utilité (sinon faire plaisir aux parents)* » ? Dans le fichier le plus utilisé au CP, la leçon sur les nombres 1, 2 et 3 se situait en novembre et les élèves n'écrivaient le nombre 10 qu'en janvier. Ce sont ces élèves qui, arrivés en CM2 en 1987, calculaient bien.

Cette période s'achève en 1986 avec la publication d'une circulaire sur l'école maternelle (MEN, 1986). On y lit : « *Progressivement, l'enfant découvre et construit le nombre. Il apprend et récite la comptine numérique.* » Après plus de 15 ans de quasi-disparition de tout apprentissage numérique à l'école maternelle, sous l'ère piagétienne, le changement était radical. C'est pour cela que l'on parlera dans la suite de ce livre du « basculement de 1986 ».

Dans un ouvrage (Palanque et coll. 1987), une professeure de mathématiques raconte comment, après la lecture dans la revue *La Recherche* d'un article de vulgarisation d'une psychologue américaine, Rochel Gelman (1983), ses collègues d'une équipe liée à l'INRP, Ermel (Équipe de recherche mathématiques à l'école élémentaire) effectuent une volte-face dans leurs convictions. Il est vrai que l'article s'intitulait « Les bébés et le calcul » et que, si les bébés savent calculer, il devient difficile de justifier l'absence de tout apprentissage numérique à l'école maternelle.

Après cette lecture, les mathématiciens de Ermel se mettent à penser que le comptage doit être enseigné dès l'école maternelle et ils décident de l'enseigner en attirant l'attention des élèves sur ce que Rochel Gelman appelait le « *principe de correspondance terme à terme* » (Gelman & Gallistel, 1978) : lorsqu'on compte, l'enfant qui réussit doit être attentif à faire correspondre **1 mot avec 1 objet** ; on dit « un (un objet est pointé), deux (un autre objet est pointé), trois (encore un autre)… ».

Il est important de souligner que cette manière de compter « à la Gelman » est aussi celle que les parents adoptent le plus souvent en dehors de l'école : le basculement de 1986 ne correspond donc pas seulement à l'importation de la culture pédagogique des États-Unis, c'est aussi l'importation, au sein de l'école maternelle, de **la pédagogie du comptage selon le sens commun**. Le plus souvent aujourd'hui, les enfants de PS apprennent à compter ainsi jusqu'à 5. Dans presque toutes les GS, une file numérotée est affichée jusqu'à 30. On compte ainsi presque tous les jours les enfants présents, les étiquettes des absents.

Quand un enfant ne sait pas écrire le chiffre 8, il compte ainsi jusqu'à ce nombre sur la file numérotée afin d'en retrouver l'écriture chiffrée. Aujourd'hui encore (octobre 2012), sur le site du ministère, eduscol figure une épreuve d'évaluation de fin de GS et, quand un élève échoue un comptage jusqu'à 30, il est recommandé au maître d'attirer fortement l'attention de cet élève sur la correspondance 1 mot – 1 objet (MEN/DEGESCO, 2010). Ce sont ces élèves qui, arrivés en CM2, calculent mal.

Depuis 1986, avec des apprentissages numériques aussi précoces, les élèves devraient devenir bien meilleurs en calcul que leurs prédécesseurs ! L'étude de la DEPP montre que c'est le contraire qui est vrai. On se trouve donc face à un paradoxe : comment se fait-il qu'à une époque où l'école enseignait les nombres beaucoup plus tardivement, elle formait des élèves bien plus performants en calcul qu'aujourd'hui ? Nous allons voir que l'enseignement du comptage « à la Gelman » éloigne les élèves du calcul plus qu'il ne les en rapproche.

Enseigner le comptage « à la Gelman », c'est enseigner un comptage-numérotage

Enseigner le comptage « à la Gelman » ou selon le sens commun est loin de permettre aux enfants d'accéder facilement au nombre. Ainsi, en PS et en MS, on observe très fréquemment le dialogue suivant (Schaeffer & coll. 1974) :

> Adulte : Combien y a-t-il de jetons ?
> Enfant (en comptant les jetons) : « un », « deux », « trois », « quatre ».
> Adulte : Oui, alors combien y a-t-il de jetons ?
> Enfant (recompte les jetons) : « Un », « deux », « trois », « quatre ».
> Adulte : Je suis d'accord, mais ce que je t'ai demandé, c'est combien il y a de jetons ?
> Enfant (recompte encore) : « Un », « deux », « trois », « quatre ».

Cet enfant met bien en correspondance terme à terme les mots-nombres et les jetons de la collection, mais il n'isole pas le dernier mot-nombre prononcé pour répondre à la question posée. L'enfant reste apparemment incapable d'exploiter ce comptage pour répondre à la question : « Combien… ? ». Son comptage ne lui permet pas d'accéder au nombre. On peut dire : son comptage n'est pas un dénombrement.

Pour comprendre ce phénomène, il suffit d'imaginer un autre contexte où l'enfant pointe des objets en disant des mots tous différents : *« cube », « table », « fenêtre », « toboggan »*, par exemple. Le dernier mot prononcé, « toboggan », réfère à l'objet qui est pointé au moment où ce mot est prononcé (le toboggan), il ne dit rien des autres objets, ni de l'ensemble des objets. Or, lors d'un comptage « à la Gelman », le dernier mot, « quatre », est prononcé alors que l'enfant pointe le dernier objet, comme dans l'exemple précédent, mais dans ce cas l'enfant devrait comprendre que « quatre », pour l'essentiel, ne réfère pas à cet objet parce qu'il désigne une propriété de l'ensemble des objets : ce mot précise quelle est la pluralité que l'enfant a devant lui, il dit le nombre d'unités de la collection. Pointer un objet tout en prononçant un mot, alors que celui-ci désigne pour l'essentiel une propriété d'autre chose, correspond à un fonctionnement du langage complètement atypique (Markman, 1989 ; 1990). À vrai dire, on ne l'observe que dans le contexte de l'enseignement du comptage « à la Gelman ».

C'est donc l'insistance des pédagogues sur la correspondance 1 mot - 1 élément qui explique l'incompréhension des enfants : elle les conduit à concevoir les éléments successivement pointés comme *« le un, le deux, le trois, le quatre… »*. Les mots prononcés sont alors des sortes de numéros renvoyant chacun à un élément et un seul ; le dernier mot prononcé est lui aussi un numéro, comme les autres. Ainsi, enseigner le comptage « à la Gelman », selon la pédagogie de sens commun, c'est enseigner un **comptage-numérotage** (Brissiaud, 1989a).

L'apprentissage de la comptine n'est pas source de difficulté quand il reste purement verbal, c'est le comptage d'objets qui est susceptible de l'être

Il est important de noter que l'apprentissage de la comptine verbale, en lui-même, ne fait pas obstacle au progrès ; c'est seulement lorsque l'adulte veut que l'enfant mettent les mots de cette comptine en correspondance 1 à 1 avec des objets qu'ils acquièrent la signification de numéros, ce qui doit être évité.

Les progrès que permet l'enseignement du comptage-numérotage

On dispose de nombreuses preuves empiriques du fait qu'un enseignement du comptage basé sur une théâtralisation de la correspondance 1 mot – 1 objet conduit les enfants à considérer les mots-nombres comme des sortes de numéros. Ainsi, lorsque des enfants de 4 ans et demi environ viennent de compter 7 objets et lorsqu'on leur demande de montrer *les* 7 objets, en insistant sur la marque du pluriel (les), ils montrent quand même un seul objet : le dernier pointé (Fuson, 1988) ; lorsqu'on demande à des élèves de GS de rédiger un message écrit afin de ne pas oublier combien il y a d'objets dans une collection de 7 objets qu'ils viennent de compter, ils dessinent : 1, 2, 3, 4, 5, 6, 7, c'est-à-dire l'ensemble des numéros qu'ils viennent d'utiliser (Sinclair & coll. 1988 ; Brissiaud, 1989a).

Et s'il s'agit de comparer deux collections de 4 et 5 unités respectivement, on observe certains enfants qui comptent la première en disant : 1, 2, 3, 4, sans être capables de dire le nombre correspondant ; mais cela ne les empêche pas de se tourner vers l'autre collection en disant : 1, 2, 3, 4, 5, sans non plus dire le nombre. Dans l'un et l'autre cas, ils ne savent pas répondre à la question « Combien y a-t-il… ? », et pourtant ils concluent correctement en disant que la collection « 1, 2, 3, 4, 5 » est plus nombreuse que la collection « 1, 2, 3, 4 » : ils ont compris que lorsque le comptage-numérotage « va plus loin » ou « dure plus longtemps », on peut dire : « Il y a plus là que là » (Droz & Paschoud, 1981).

Les exemples précédents montrent que l'usage du comptage-numérotage permet certains progrès ; il permet même la comparaison de la taille de deux collections.

Mais le comptage-numérotage éloigne les élèves du calcul

La signification des mots-nombres en tant que numéros s'installe d'autant plus facilement que les jeunes enfants vivent dans un univers de numéros : en dehors de l'école, 4 est pour les enfants le numéro de l'étage où ils habitent, 28 celui de leur appartement, 3 celui de la chaîne télé... Lorsqu'un enfant appuie sur la touche « 3 » de la télécommande, il ne voit pas 3 images, il voit une seule image, celle de « la 3 ». Un enseignement précoce du comptage « à la Gelman » renforce la signification des mots-nombres en tant que numéros et, donc, ne favorise pas l'accès à leur signification en tant que noms de nombres, désignant des pluralités. Or, seule cette dernière signification permet d'accéder au calcul.

En effet, la relation numérique « 5 et encore 3, c'est 8 » n'a aucun sens lorsqu'on interprète les chiffres comme des numéros. Regarder successivement les programmes de « la 5 » puis de « la 3 », ne dit rien de ceux de « la 8 ». L'entrée dans le calcul est évidemment impossible tant que les enfants n'ont pas compris que les mots qu'ils utilisent pour compter désignent des pluralités successivement engendrées par l'ajout d'une unité : « *deux, c'est un et encore un* » ; « *trois, c'est un, un et encore un* » ou bien « *trois, c'est deux et encore un* », etc.

Faire le choix du comptage-numérotage, c'est contraindre les enfants à s'approprier les nombres et le calcul alors que l'on fait un usage des mots qui masque ce qu'il est crucial d'apprendre, c'est contraindre les enfants à un apprentissage implicite des nombres et du calcul. L'entrée dans le calcul est alors une telle course d'obstacles que les élèves les plus fragiles y échouent en grand nombre.

Chez Rochel Gelman, des « principes » à usage théorique et non pédagogique

Pour Rochel Gelman, la correspondance 1 mot – 1 objet est l'un des divers « principes » qui, de son point de vue, permettent d'analyser le comptage (en fait, on peut l'analyser autrement). Par respect pour l'œuvre de Rochel Gelman, il convient de souligner qu'elle s'est contentée de faire un usage théorique des principes du comptage qu'elle a formulés : ils lui servaient essentiellement à défendre l'idée que les enfants auraient une compétence qui va bien au-delà des performances effectivement observées. Elle n'a jamais dit explicitement qu'il faudrait enseigner le comptage conformément à ces « principes ». Mais à aucun moment, elle n'a non plus envisagé une autre façon d'enseigner le comptage. C'est donc ainsi qu'elle a été comprise. Ce qui explique qu'avec l'œuvre de Rochel Gelman, l'enseignement du comptage selon le sens commun ait acquis une coloration savante et que les mathématiciens de l'équipe Ermel aient transformé en principes pédagogiques ce qui, au départ, était des principes théoriques. Enseigner le comptage selon le sens commun est ainsi devenu, à l'école, enseigner le comptage « à la Gelman », et l'enseignement de sens commun s'est trouvé légitimé..

En effet, les quelques progrès observés en cas d'enseignement du comptage-numérotage risquent de se payer au prix fort ultérieurement. Ainsi, toutes les études sur les enfants en difficulté grave et durable, ceux que certains chercheurs qualifient de « dyscalculiques », décrivent ces enfants comme enfermés dans le comptage 1 à 1 et n'accédant pas au calcul (Geary, 2005 ; Fayol, 2012, par exemple).

C'est la raison pour laquelle, dans la culture pédagogique française, depuis 1923 environ jusqu'au basculement de 1986, l'enseignement du comptage-numérotage avait été d'abord très sévèrement critiqué, puis proscrit. La raison avancée était que « *… cette façon empirique fait acquérir à force de répétitions la liaison entre le nom des nombres, l'écriture du chiffre, la position de ce nombre dans la suite des autres, mais elle gêne la représentation du nombre, l'opération mentale, en un mot, elle empêche l'enfant de penser, de calculer* » (Fareng & Fareng, 1966). On retrouve dans cette citation les idées qui viennent d'être exposées : il est vrai que des progrès sont possibles avec un enseignement précoce du comptage-numérotage ; mais, chez de nombreux élèves, cette façon d'enseigner le comptage provoque surtout un retard dans l'appropriation du calcul.

On peut aussi évoquer Henri Canac (1955), sous-directeur de l'ENS de Saint-Cloud. Évoquant ces enfants qui, au cours moyen, sont incapables de retrouver le résultat d'une addition élémentaire sans compter 1 à 1, il les qualifie d'« *élèves mal débutés* ». L'étude de la DEPP valide ce que pensaient ces pédagogues d'avant 1970 et va même au-delà : mieux vaut ne rien enseigner du tout à l'école maternelle plutôt que d'y créer de tels obstacles au progrès (nous verrons qu'il faudrait préciser : surtout lorsqu'on parle français, parce que cela est moins vrai lorsqu'on parle anglais).

Une autre possibilité : enseigner d'abord les décompositions des nombres 2 et 3…

Mais l'absence de tout apprentissage numérique à l'école maternelle, comme ce fut le cas entre 1970 et 1986, n'est pas la seule solution pédagogique : il existe en effet une autre façon de parler les nombres à l'école maternelle, notamment en PS et en MS (Brissiaud, 1989 ; 2007).

Elle consiste, dans un premier temps, à éviter tout enseignement du comptage-numérotage et même, plus généralement, à éviter toute utilisation par l'enseignant des mots-nombres en tant que numéros, afin de privilégier les *décompositions* des 3 premiers nombres. Ainsi, pour enseigner le nombre 2, l'enseignant de PS utilise comme synonyme de deux « un et encore un », en faisant, bien sûr, les actions correspondantes : « Deux cubes, c'est un cube (l'enseignant prend 1 cube) et encore un (il en prend 1 autre), deux (il les montre tous les deux) » ; et il demande à l'enfant de donner de même : « deux crayons, un crayon et encore un », deux petites voitures… Il ne dit donc jamais « un, deux » en pointant successivement les objets, il ne les numérote jamais. Puis, quand les enfants ont compris les nombres 1 et 2, il fait de même avec le nombre 3 en utilisant comme synonyme de trois : « un, un et encore un » ou bien « deux et encore un ».

C'est seulement lorsque les enfants ont une connaissance approfondie des 3 premiers nombres qu'il devient possible d'enseigner le comptage. Avoir cette connaissance approfondie, c'est réussir tout un ensemble de tâches mettant en jeu ces nombres : savoir les dire directement en face d'une collection correspondante ; savoir donner une collection ayant 1, 2 ou 3 éléments ; savoir reconnaître directement une collection de 3 parmi des collections de 2 et 4 ; savoir résoudre des problèmes où il s'agit d'anticiper le résultat d'ajouts et de retraits de 1 ou 2 dans le tout petit domaine numérique des 3 premiers nombres, etc.

Puis enseigner le comptage-dénombrement

Dès que les élèves ont une connaissance approfondie des 3 premiers nombres, donc, il devient possible d'enseigner le comptage d'abord jusqu'à 4, plus tard jusqu'à 5. Et il est nécessaire et très facile que cet enseignement prenne une forme différente du comptage-numérotage.

Décrivons cette autre façon de l'enseigner en se plaçant dans la situation où, pour donner 4 cubes à un nounours, par exemple, l'enseignant montre aux élèves comment on compte des objets en les prélevant successivement d'un stock. L'enseignant dit « un » quand il a déplacé le 1er objet, il dit « deux » non pas au moment où il touche le 2e objet, mais quand celui-ci a été déplacé et, donc, quand la collection des deux objets a été formée (on vise à ce que l'enfant associe le mot « deux » à la pluralité : 2, c'est le résultat de 1 et encore 1), il dit « trois » non pas au moment où il touche le 3e objet, mais au moment où celui-ci a été déplacé et, donc, quand la collection de trois objets a été formée (pour que l'enfant associe le mot « trois » à la pluralité : 3, c'est le résultat de 2 et encore 1). Idem pour « quatre » ; si les enfants ont compris les 3 premiers nombres (et il ne faut procéder à cet enseignement que quand c'est le cas), ils ont la possibilité d'accéder à la signification du mot « quatre » en généralisant celle de « un », de « deux » et de « trois » : si c'est le cas, ils apprennent d'emblée que 4, c'est 3 et encore 1.

Lorsqu'il procède ainsi, l'enseignant enseigne une forme de comptage très différente du comptage-numérotage, parce que la correspondance terme à terme qu'il théâtralise n'est pas celle entre 1 mot et 1 objet mais la correspondance entre **1 mot** et **la pluralité des objets déjà pris en compte** (ce n'est pas un comptage « à la Gelman »). Lorsqu'un enfant comprend cette forme de comptage, chaque mot prononcé désigne pour lui un vrai nombre puisqu'il désigne la nouvelle pluralité obtenue après l'ajout de 1 ; c'est la raison pour laquelle on peut alors parler de l'enseignement d'un « **comptage-dénombrement** ».

Il est sûr que l'on ne peut pas espérer enseigner avec succès le comptage-dénombrement aussi précocement, ni aussi loin qu'il est possible de le faire avec le comptage-numérotage. Mais si l'on veut, plus tard, voir l'édifice prendre de la hauteur, il convient d'assurer de solides fondations.

Enseigner le comptage-dénombrement de manière encore plus explicite

Il y a deux façons de rendre l'enseignement du comptage-dénombrement encore plus explicite. La première consiste à dire : « 1 et encore 1, 2 ; et encore 1, 3 ; et encore 1, 4 ; et encore 1... ». En effet, un comptage-dénombrement est un comptage où l'on cherche à faire comprendre le calcul sous-jacent au dénombrement ; **verbaliser ce calcul** ne peut que favoriser sa compréhension. Au CP, quand l'addition a été introduite, on peut d'ailleurs utiliser le mot « plus » à la place de « et encore » : « 1 plus 1, 2 ; plus 1, 3 ; plus 1, 4 ; plus 1... ».

La seconde façon de rendre l'enseignement du comptage-dénombrement encore plus explicite consiste à exprimer le nombre total résultant de l'ajout successif des unités, **en spécifiant la nature de cette unité** : « un jeton, deux jetons, trois jetons... » ou « un cube, deux cubes, trois cubes... ». En effet, dans l'expression « trois jetons », la syntaxe de ce petit

Vers une « épidémiologie » de la baisse des performances (suite) :
***quid* d'autres causes, liées elles-aussi aux apprentissages numériques (1) ?**

Nous avons vu que l'on peut éliminer d'éventuels facteurs généraux comme causes éventuelles. Restent donc ceux qui sont en relation directe avec les pratiques numériques au sein de l'école ou à l'extérieur de celle-ci. L'enseignement du comptage-numérotage est l'un de ces facteurs, bien sûr, mais peut-être y en a-t-il d'autres. Envisageons tout d'abord une éventuelle évolution des pratiques numériques extrascolaires : les enfants faisaient-ils plus souvent les courses avant 1987 qu'après cette date, par exemple ? Auquel cas, ils auraient eu une pratique sociale du calcul qui aurait cessé et cela expliquerait en partie la baisse. Mais, en 1987, les villes nouvelles et les « quartiers » étaient construits depuis quelque temps déjà ; ils étaient même, pour beaucoup d'entre eux, déjà dégradés. Les petits commerces y avaient été remplacés par des hypermarchés depuis leur construction dans les années 60-70 et les enfants n'allaient plus faire les courses sans les parents bien avant 1987. En revanche, durant la période 1987-1999, les commerces sont nombreux à disparaître dans les campagnes. Mais comme la baisse s'effectue dans les mêmes proportions chez les enfants d'agriculteurs que chez les enfants d'ouvriers ou de chômeurs... De plus, 12 années semblent être une période très courte pour qu'un tel phénomène ait un effet significatif.
Les apprentissages numériques en dehors de l'école ne sont donc pas susceptibles d'expliquer la baisse. Au sein de l'école, l'enseignement du comptage-numérotage est l'une des causes de cette baisse ; y a-t-il d'autres pratiques numériques scolaires qu'il conviendrait d'incriminer ? La réponse à cette question est examinée page 24.

groupe nominal fait que le mot « trois » réfère à une pluralité, il n'est pas un numéro. Or, la signification des mots-nombres que le comptage-dénombrement cherche à privilégier est celle de pluralités, celle que l'on appelle aussi la signification *cardinale* des mots-nombres.

Privilégier la signification cardinale des mots-nombres

De même que les points cardinaux (nord, sud…) sont ceux qui servent de repères pour s'orienter dans l'espace, la signification cardinale des mots-nombres est celle qui doit guider la pratique pédagogique des enseignants de maternelle. On remarquera d'ailleurs que dans les décompositions d'un nombre (trois, c'est deux et encore un, par exemple), chacun des mots-nombres prononcés a une signification cardinale. Privilégier les décompositions et le comptage-dénombrement, c'est privilégier la signification cardinale des mots-nombres et, partant, c'est permettre un apprentissage explicite des nombres et du calcul.

Vers une « épidémiologie » de la baisse des performances (suite) : *quid* d'autres causes, liées elles-aussi aux apprentissages numériques (2) ?

Comme c'est au niveau du CM2 que l'étude de la DEPP compare les performances des élèves de 1987 et de 1999, une explication possible serait qu'avant 1987, les maîtres de cycle 3 (CE2, CM1, CM2) avaient des pratiques pédagogiques bien meilleures que ceux qui leur ont succédé.
Quand on examine cette hypothèse, il faut avoir présent à l'esprit ce que prouve l'étude de la DEPP : les élèves calculaient bien en CM2 à une époque (1987) où ils n'avaient rien appris concernant le nombre à l'école maternelle (c'était l'époque piagétienne de cette école). Les élèves de 1999, en revanche, avaient commencé à apprendre le comptage-numérotage dès la petite section. Ce qu'ils continuent d'ailleurs le plus souvent à faire aujourd'hui. Et ils calculent mal ! Si, avant 1987, les enseignants de cycle 3 faisaient des miracles (en enseignant plus tardivement, ils obtenaient de meilleurs résultats !), il faut absolument essayer de préciser quelles étaient leurs pratiques pédagogiques, pour les reprendre aujourd'hui.
En fait, personne encore n'a pris l'initiative de défendre un tel point de vue. En effet, lorsqu'on compare les pratiques pédagogiques au cycle 3 avant et après 1987 (enseignement de la division, usage de la calculette...), on s'aperçoit que la continuité prévaut. Par exemple, l'introduction des calculettes dans les classes date du milieu des années 70. Dans les ouvrages qui étaient utilisés en formation des maîtres de cycle 3 au début des années 80, la calculette était plutôt plus présente qu'elle ne le sera dans la génération suivante d'ouvrages, au début des années 90. Et pour qui a vécu cette période, aucune évolution notable dans son usage n'est manifeste avant et après 1987. De plus, lorsqu'on constate un changement dans les pratiques pédagogiques avant et après cette date, l'évolution correspondante est souvent considérée aujourd'hui comme un progrès. On peut rappeler par exemple qu'entre 1970 et 1990, le signe de la soustraction (le symbole « – ») n'était introduit que vers le milieu du CE1 (seule l'addition à trou était étudiée au CP et en début de CE1). Faut-il voir dans l'introduction tardive de ce signe l'une des raisons des meilleurs résultats ? Peu de gens sont prêts à défendre cette idée.
Résumons : après avoir rejeté la possibilité que des facteurs généraux expliquent la baisse des performances en calcul, ainsi que la possibilité qu'il faille incriminer d'autres pratiques numériques que le comptage-numérotage, on peut considérer que, jusqu'à preuve du contraire, l'enseignement du comptage-numérotage est le seul facteur explicatif qui émerge. Cette « épidémiologie » de la baisse des performances sera poursuivie et achevée dans le dernier chapitre, en montrant que l'étude de la DEPP a des caractéristiques méthodologiques exceptionnelles : les échantillons sont représentatifs et elle a été menée en double-aveugle (voir aussi Brissiaud, 2012).

Renouer avec la culture pédagogique des pays francophones

Faire le choix pédagogique de privilégier l'usage de décompositions des nombres, éviter le comptage-numérotage pour lui préférer le comptage-dénombrement, est-ce renouer avec la culture pédagogique de l'école maternelle française ? Nous allons voir que c'est effectivement le cas. Cela s'est fait de façons différentes avant les mathématiques modernes (entre 1923 et 1970) et après (entre 1970 et 1986), mais il s'agit bien d'une caractéristique commune à ces deux périodes, avant le « basculement de 1986 ».

Décompositions et comptage-dénombrement dans les discours pédagogiques vers 1950-60

Dans un ouvrage publié dans les années 50 (Brachet, Canac et Delaunay, 1955), le premier de ces auteurs s'exprime ainsi : « *Ce n'est pas, nous semble-t-il en remuant* (l'auteur veut dire : en comptant-numérotant) *l'un après l'autre les quatre jetons d'une collection que l'enfant forme la notion de quatre et des décompositions. Ce serait plutôt, croyons-nous, en contemplant, à bonne distance, et d'une vue d'ensemble, simultanée, la constellation de 4 objets, que l'enfant sera illuminé par le nombre 4, qui est 2 + 2 et 3 + 1* ». Le mot « illumination » est évidemment malheureux, mais le propos de ce pédagogue serait resté complètement d'actualité s'il avait dit : « *Imaginer les différentes façons de dessiner les 4 points de la constellation du dé est l'un des moyens par lesquels l'enfant peut accéder au fait que 4, c'est 2 + 2 et c'est 3 + 1* ». L'important est évidemment que ce pédagogue se livrait à une critique du comptage (numérotage) et mettait la connaissance du nombre 4 du côté de la connaissance de ses décompositions.

De même trouve-t-on un équivalent de la notion de comptage-dénombrement dans les écrits des pédagogues anciens. C'est souvent à travers les propos des inspectrices générales des écoles maternelles que l'on sait aujourd'hui ce qu'était la culture pédagogique à l'époque. L'une d'elles, J. Bandet (1962), préconise cette forme d'enseignement du comptage dans les cas où les unités ne sont pas déplaçables. Elle conseille d'utiliser un cache et de découvrir progressivement les unités :

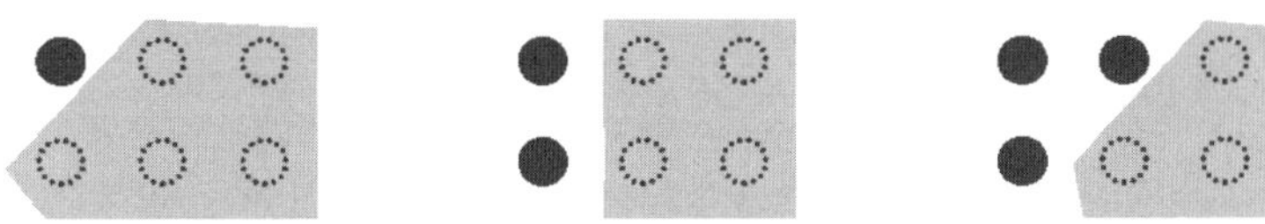

un *deux* *trois*

Puis l'enseignant découvre un point de plus en disant : « quatre », etc. Pourquoi cet emploi d'un cache ? Cette pédagogue s'appuie sur un phénomène que les psychologues ont bien étudié : l'être humain a la possibilité de traiter jusqu'à 3 unités en parallèle, sans être obligé de focaliser son attention successivement sur chacune d'elles, phénomène que l'on appelle le « subitizing » (Fischer, 1991 ; Piazza & coll. 2011). Lorsqu'on enseigne le comptage ainsi, on peut dire que, d'une certaine façon, l'enfant qui a compris les 3 premiers nombres voit « un », puis « deux » puis « trois » ; chacun de ces mots est mis en correspondance avec la pluralité que l'enfant « voit » et, lorsque l'enseignant fait apparaître l'unité suivante en disant « quatre », l'enfant a la possibilité de généraliser la signification des mots « un », « deux » et « trois » en associant le mot « quatre » à la pluralité correspondante. Il s'agit bien d'une forme d'enseignement du comptage-dénombrement.

Les élèves « mal débutés » selon Henri Canac

Mais c'est encore Henri Canac qui renseigne le mieux sur ce qu'est la culture pédagogique de l'école française concernant les apprentissages numériques après 1945. Dans un texte publié d'abord dans une revue en 1947, puis dans un livre (Brachet & coll. 1955) et enfin dans un ouvrage rédigé par une commission d'experts réunis par l'UNESCO autour de Gaston Mialaret (Mialaret, 1955), il se livre à une critique sévère du comptage (numérotage) : « *...dans la plupart de nos classes enfantines ou préparatoires, il n'est pas sûr, en dépit de quelques apparences spécieuses, qu'on s'élève beaucoup au-dessus du dénombrement mécanique.* » (p. 12).

Il n'utilise pas l'expression « comptage-numérotage », bien sûr, il utilise même le mot « dénombrement », qui porte à confusion, mais comment ne pas voir les prémices d'une analyse du comptage-numérotage quand il dit ceci d'un enfant qui compte (numérote) : « *dans l'incapacité où il se trouve d'opérer d'un seul coup, il se récite mentalement la suite des nombres, les noms ainsi proférés, surtout s'ils sont nettement scandés, constituant à leur manière des objets concrets* » (p. 12).

Et il professe du mépris pour ce comptage (numérotage), trop de mépris même, parce qu'il nie les quelques progrès qu'il permet : « *Le maniement de bûchettes, la gesticulation digitale, le preste tracé de barres sur l'ardoise, peuvent à la rigueur développer la dextérité de la main ; mais cette précieuse qualité trouve de meilleures occasions de s'affirmer dans d'autres disciplines* ».

Dans le même texte, Henri Canac présente une « *méthode nouvelle* » qui « *forme à (son) sens une des meilleures conquêtes de la pratique pédagogique au cours du dernier quart de siècle.* » Cette méthode consiste à étudier les nombres dans l'ordre et elle conduit les enseignants « *à construire (définir, poser) le nouveau nombre par adjonction de l'unité au nombre précédent, puis à étudier ses diverses décompositions en nombres moins élevés que lui.* »

Ainsi, avec cette méthode, il y a un moment pour l'étude du nombre 3, suivi d'un moment d'étude de 4, puis de 5... jusqu'à 10. Chaque nouveau nombre étudié est défini comme résultant de l'ajout de 1 au précédent. L'étude du nombre N commence donc par un comptage-dénombrement jusqu'à N. Et, pour chaque nombre, on consacre beaucoup de temps à en étudier les décompositions.

Il ne faut pas se méprendre : ce n'est pas une conception « béhavioriste » des apprentissages qui guide ces pédagogues ; ils veulent avant tout choisir une méthode qui évite un premier écueil : le comptage (numérotage) 1 à 1, notamment sur les doigts. Canac en parle d'ailleurs comme d'une « *gesticulation digitale* ». L'objectif de ces pédagogues est de « *bien débuter* » les élèves.

Comment, selon Henri Canac, reconnaît-on un élève « *mal débuté* » ? Au fait qu'il ne mémorise pas les résultats d'additions élémentaires et qu'il compte jusque tard sur ses doigts : « *Dans de nombreux cours élémentaires, ou même cours moyens, on trouve souvent de grands benêts qui comptent sur leurs doigts (en cachette lorsque M. l'inspecteur est là) ou qui, sommés de résoudre une simple opération, comme 8 + 5, se récitent intérieurement à eux-mêmes : 8, 9, 10, 11, 12, 13 en évoquant des doigts imaginaires.* » Henri Canac fait ainsi le lien entre l'enfermement dans le comptage 1 à 1 et l'absence de mémorisation des résultats d'addition.

En fait, le thème de la mémorisation des résultats d'additions est peu présent dans le texte d'Henri Canac. En revanche, il est omniprésent dans un texte antérieur, le rapport de MM. les inspecteurs généraux Marijon et Leconte sur les conférences pédagogiques de 1928 (Savard, 1940). C'est donc chez les pédagogues du « quart de siècle » d'avant 1945, ceux qui sont à l'origine de la conquête pédagogique que constitue la méthode d'étude de chaque nombre l'un après l'autre, qu'il faut aller chercher le complément d'information nécessaire.

Entre 1920 et 1950, l'élaboration d'une méthode « nouvelle » qui prévaut jusqu'en 1970

Il semblerait que les conférences pédagogiques de 1928 aient plutôt pris la forme d'ateliers dans lesquels les instituteurs devaient répondre à des questions du style : « *Quelle doit être la part de la réflexion et de la mémoire dans l'enseignement des premières notions de calcul ?* » « *Convient-il d'apprendre par cœur la table d'addition ? Vaudrait-il mieux exercer les élèves à combiner les nombres en utilisant les notions de compensation, de voisinage, de symétrie et de décomposition que leur intuition conçoit sans effort ?* »

La réponse est sans ambages : « *Ce n'est qu'après avoir bien réfléchi, comparé, raisonné même, qu'une notion est confiée à la mémoire.* » « *L'on passe toujours trop rapidement sur l'étude des premiers nombres, dans la hâte d'arriver aux opérations,... ces brillantes opérations qui font la joie de certains maîtres et d'à peu près tous les parents.* »

« *D'abord, l'étude de la première dizaine de nombres contient en germe bien des idées et nécessite bien des gradations : nommer ces nombres tout en les réalisant matériellement avec des objets, recommencer avec des haricots, des billes... /... combiner les premiers nombres par addition et soustraction, n'employer la répétition, pourtant nécessaire, qu'après s'être assuré que toutes les combinaisons ont été « senties » de telle façon que le rôle de la mémoire reste subordonné et final, ensuite écrire ces nombres et enfin s'élever au nombre dit abstrait, le seul sur lequel on opère finalement, tout cela qui est aujourd'hui si bien fait à l'école maternelle peut aussi servir de méthode pour la suite au cours préparatoire et au cours élémentaire. Bien entendu, lorsque la toute première initiation a été à ce point détaillée, les enfants ne doivent plus compter sur les doigts.* »

Et concernant la mémorisation des résultats d'additions dont le résultat dépasse dix ? La recommandation est très claire : « *Il convient, selon nous, d'arriver très vite à la formation, par voie purement mentale, de 8 + 7 = 15, au moyen de 8 + 2 = 10, 10 + 5 = 15, étant entendu que ces exercices auraient été précédés de nombreuses réalisations manuelles et visuelles.* » On notera que l'usage d'une telle stratégie n'est pas accessible à un élève qui ne s'est pas approprié la décomposition : 7 = 2 + 5. De façon générale, il n'y a pas d'usage de stratégies de décomposition-recomposition possibles pour obtenir le résultat d'une addition dont le résultat dépasse dix sans une bonne connaissance des décompositions des dix premiers nombres.

On peut donc résumer ainsi ce qu'était, en 1970, la culture pédagogique des premiers apprentissages numériques à l'école :

1°) L'enseignement doit éviter deux écueils : le comptage mécanique 1 à 1 et un apprentissage par cœur précoce des résultats des additions élémentaires.

2°) Comment éviter ces deux écueils ? En permettant aux élèves de s'approprier les décompositions des 10 premiers nombres avant d'utiliser, pour les additions dont le résultat dépasse 10, des stratégies de décomposition-recomposition.

Ainsi, la méthode « nouvelle » qui s'élabore à partir de 1923 met l'accent sur une étude progressive des nombres et de leurs décompositions parce qu'elle est un moyen d'éviter les deux écueils précédents, et non pour adopter une progressivité de type « béhavioriste ». Ces pédagogues anciens prônent un tel découpage de l'étude des nombres parce qu'ils visent une meilleure compréhension des nombres et parce qu'ils considèrent cette compréhension comme la condition d'une meilleure mémorisation. Cette conception de l'enseignement n'a rien à voir avec le découpage de ce qu'il faut enseigner en fragments élémentaires afin de favoriser des conditionnements successifs. Or, c'est souvent ainsi que la *doxa* moderniste l'analysera par la suite.

Henri Canac et le mouvement de l'Éducation nouvelle

On voit s'élaborer, dans le compte rendu des conférences pédagogiques de 1928 par les inspecteurs Marijon et Leconte, la méthode que, plus tard, Henri Canac qualifiera de « nouvelle ». Il faut prendre ce qualificatif au sérieux : Henri Canac dit lui-même qu'elle « n'est pas sans parenté avec les méthodes nouvelles d'apprentissage de la lecture » et sans doute pensait-il que promouvoir son usage était une façon de s'inscrire dans le mouvement de l'Éducation nouvelle, si puissant au moment de la Libération. Le fait qu'une telle méthode risque d'instiller l'ennui par son aspect répétitif (leçon du 3, du 4...), et donc fonctionner à rebours des idées qui ont présidé à son élaboration, est une autre histoire.

1970 : les fondamentaux de la culture pédagogique de l'école sont préservés

Les analystes de la réforme des mathématiques modernes de 1970, Michel Delord notamment, ont surtout insisté sur les changements survenus à cette époque. Deux phénomènes ont principalement attiré leur attention. Le premier est que l'usage des signes d'opérations a été retardé : après 1970, seul le signe « + » était enseigné au CP, les signes « x » et « – » l'étaient en milieu de CE1 et aucun symbolisme n'était utilisé pour la division avant le CE2. Le second est qu'après 1970, on n'écrivait plus de « nombres concrets » au CP, il n'était plus recommandé que l'enseignant écrive au tableau des égalités telles que : « 4 pommes + 3 pommes = 7 pommes » ; il n'était pas plus recommandé que les élèves les écrivent sur leur cahier.

Des changements qui ne se sont pas traduits par une dégradation des performances

L'étude de la DEPP montre que ces changements ne se sont pas traduits par une dégradation des performances : en 1987, près de 20 ans après ces changements, les élèves calculaient encore bien. Cela s'explique : l'arithmétique scolaire, surtout dans les petites classes, est souvent une arithmétique orale et, bien évidemment, après 1970, on a continué dans les classes à résoudre des problèmes d'addition itérée de la même quantité, mais sans parler de multiplication ; après 1970, on a continué à proposer des problèmes de partage ou de groupement, mais sans parler de division et l'on a continué à dire dans la classe que : « 4 pommes plus 3 pommes égalent 7 pommes », même si on écrivait seulement l'égalité sans les unités.

Mais, entre l'avant et l'après 1970, il y eut aussi des continuités, et elles étaient bien plus importantes que les discontinuités, parce qu'elles concernaient ce qui était au cœur de la culture de l'école d'avant la réforme : le rejet du comptage (numérotage) 1 à 1 et l'enseignement des décompositions des nombres.

Après 1970, le comptage-numérotage est encore plus rejeté qu'avant

Première continuité : le rejet de l'enseignement du comptage-numérotage. Plus qu'un rejet, même : sa disparition. D'une certaine manière, on pourrait dire que le rêve de Henri Canac, des époux Fareng, de J. Bandet... s'est réalisé avec la réforme des mathématiques modernes : enfin, il n'y eut plus de séquences conduisant les enfants à « remuer des jetons », à se livrer à une « gesticulation digitale », etc.

Un facteur déterminant de l'abandon de tout comptage-numérotage est évidemment l'influence des travaux de Piaget. L'enseignement du comptage-numérotage disparut du seul fait que tout apprentissage numérique fut banni de l'école maternelle et du début du CP (on est durant la période piagétienne de l'école). On notera d'ailleurs que l'inspectrice générale qui exerçait lors de la transition entre les anciens et les nouveaux programmes était J. Bandet, celle qui préconisait la forme d'enseignement du comptage-dénombrement qui consiste à démasquer successivement les unités de la collection que l'on veut dénombrer. A-t-elle pensé qu'il valait mieux que tout comptage disparaisse de l'école maternelle parce qu'elle désespérait que les enseignants abandonnent l'enseignement du comptage-numérotage ? Toujours est-il que la solution adoptée fut effectivement la plus radicale que l'on puisse imaginer.

Jean Piaget et le comptage (numérotage)

Dans Piaget & Szeminska (1941), on peut lire concernant le comptage (numérotage) que « ce facteur verbal ne joue guère de rôle dans le progrès ». Piaget pensait, avec raison croyons-nous, que pour l'essentiel, la compréhension du nombre résulte d'une réflexion sur les actions d'ajout et de retrait. Mais le langage peut évidemment favoriser une telle réflexion et c'est le cas si les pédagogues enseignent le comptage-dénombrement plutôt que le comptage-numérotage. C'est aussi le cas lorsqu'ils mettent l'accent sur les décompositions des premiers nombres. Il est important de noter que dans la citation précédente, Piaget s'exprimait à propos d'un enfant qui venait de se livrer au comptage (numérotage) d'une rangée de jetons ; il n'exprimait pas une opinion générale sur le rôle du langage dans la construction du nombre (Chalon-Blanc, 2005).

Après 1970, les décompositions des nombres sont autant travaillées qu'auparavant, mais de façon différente

Il y eut, de même, continuité concernant l'enseignement des décompositions des nombres : après 1970, elles restent très fortement mises en avant au CP, mais de manière différente. Au milieu des années 70, pour comparer la taille de deux collections, les élèves de début de CP utilisaient systématiquement la correspondance terme à terme : soit ils rapprochaient physiquement les éléments des deux collections, soit ils les reliaient en traçant des traits. Et dans les écoles normales (là où s'effectuait la formation des maîtres avant les IUFM), on préconisait très fortement une activité qui s'appelait les « boîtes-nombres ».

Cette activité commençait vers le mois de novembre au CP et durait jusqu'au mois de janvier. Elle conduisait les élèves à placer dans une même boîte des collections qui pouvaient être mises en correspondance terme à terme (par exemple, une collection de 7 cubes, une autre de 7 trombones…). Pour désigner la propriété commune à ces collections (le nombre, donc), les élèves étaient assez vite en difficulté : certains ne connaissaient ni le mot-nombre correspondant, ni son écriture chiffrée (rappelons que l'on n'apprenait plus du tout le comptage à l'école maternelle : ni le comptage-numérotage, ni le comptage-dénombrement !). Pour désigner le nombre, une première possibilité consistait à adopter un symbole arbitraire : une spirale par exemple. Mais l'enseignant mettait fortement en avant un autre moyen : si l'on découvrait qu'une collection de 7 cubes, par exemple, a été placée dans la boîte correspondante alors qu'elle est formée avec une collection de 4 cubes rouges et une autre de 3 bleus, on vérifiait qu'il est possible de retrouver cette décomposition avec les autres collections de la boîte et on écrivait « 4 + 3 » sur la boîte ; la boîte devenait celle des collections que l'on forme en réunissant une collection de 4 et une autre de 3. Il était donc possible de désigner le nombre correspondant à cette boîte par l'écriture « 4 + 3 » sans connaître le chiffre 7 ni même le mot « sept ».

On utilisait ainsi ce que l'on appelait une « écriture additive » du nombre. Dans un premier temps, une « écriture additive » d'un nombre pouvait être utilisée avant de savoir comment ce nombre s'écrit en chiffres ; dans un second temps, les deux étaient reliés. Il suffit d'ouvrir un fichier de l'époque pour s'apercevoir qu'un temps important était consacré à travailler les « écritures additives » des nombres et, donc, les décompositions. Et quand on y regarde de près, il y avait là une situation tout à fait intéressante pour apprendre à « *combiner les nombres en utilisant les notions de compensation, de voisinage, de symétrie et de décomposition* » (Marijon et Leconte, 1928 : « L'enseignement du calcul » in Savard (1940) pp. 388-420).

Cette activité a été élaborée par Guy Brousseau, le fondateur de la didactique des mathématiques en France ; elle est décrite dans ce que l'on peut considérer comme l'un de ses articles les plus importants (Brousseau, 1972). Les adaptations qui en ont été faites et que l'on trouve dans divers ouvrages prenaient souvent certaines libertés avec la progression originelle, mais toutes reposaient sur l'hypothèse que les enfants n'avaient pas encore un comptage assuré et qu'il fallait profiter de ce moment pour mettre fortement en avant les décompositions des nombres. Il y eut, de ce point de vue, une totale continuité entre l'avant 1970 et la période ayant suivi. C'est plus tard, en 1986, que s'est située la rupture ; c'est aussi à partir de cette date que les performances des enfants se sont brusquement et fortement dégradées.

Remonter plus loin dans le temps, étudier ce qu'il en est dans les pays francophones...

Concernant l'élaboration de la culture pédagogique de l'école française, on vient d'insister sur la continuité entre 1923 et 1986. Il est probablement injuste de ne pas remonter plus loin dans le temps en évoquant Ferdinand Buisson qui, parlant de la méthode intuitive qu'il préconise, précise en 1887 qu'elle « *a pour but de faire connaître les nombres : connaître un objet, ce n'est pas seulement savoir son nom, c'est l'avoir vu sous toutes ses formes, dans tous ses états, dans ses diverses relations avec les autres objets ; c'est pouvoir le comparer avec d'autres, le suivre dans ses transformations, le saisir et le mesurer, le composer et le décomposer à volonté* ».

De plus, il faudrait vraisemblablement avoir une vision plus internationale et parler de renouer avec la culture pédagogique des pays francophones. Lors de conférences en Wallonie, divers pédagogues m'ont dit partager l'analyse que je leur présentais du comptage-numérotage, m'informant que, lorsque des pédagogues wallons abordaient cette question, ils parlaient souvent de « comptage unaire » plutôt que de comptage-numérotage.

LE « BASCULEMENT » DE 1986 : UN FIASCO IMPOSSIBLE À EMPÊCHER

J.-P. Chevènement et le basculement de 1986 : un malentendu

Remarquons tout d'abord qu'au niveau politique, ce basculement résulte d'un malentendu complet. En effet, c'est alors que Jean-Pierre Chevènement est ministre de l'Éducation nationale qu'est publié le premier texte institutionnel qui accompagne ce basculement. C'est la circulaire sur l'école maternelle dans laquelle on lit : « *Progressivement, l'enfant découvre et construit le nombre. Il apprend et récite la comptine numérique* » (MEN, 1986). Le ministre pensait évidemment que ce changement s'effectuait dans le bon sens, lui qui est l'inspirateur du mouvement des enseignants « républicains » : enfin, on allait se remettre à enseigner les nombres à l'école !

Il était loin d'imaginer qu'enseigner le comptage à l'école selon la pédagogie de sens commun, c'était importer en France la culture pédagogique des premiers apprentissages numériques qui prévaut aux États-Unis. Il était encore plus loin d'imaginer que cela produirait un effondrement du calcul chez les écoliers français. Il est vrai que Jean-Pierre Chevènement n'a fait qu'initier un processus : dans les instructions et textes d'accompagnement qui ont suivi, les enfants devaient apprendre à compter-numéroter toujours plus tôt, toujours plus loin. Il faut en tirer une leçon, valable pour tous les champs didactiques : un ministre ou ses conseillers les plus proches n'ont pas intérêt à ignorer la culture pédagogique de leur pays concernant l'enseignement de tel ou tel contenu. Au risque d'agir à rebours de ce qu'ils croient faire.

Dans l'Éducation nationale : la pensée unique

Vu la façon dont fonctionne l'institution Éducation nationale, il était pratiquement impossible de s'opposer à ce basculement. En effet, ce fonctionnement est presque entièrement au service de la diffusion de ce que certains pensent être les « bonnes pratiques pédagogiques » et il ne favorise pas les échanges et les débats qui pourraient permettre d'apprécier les points forts et faibles de telles ou telles pratiques pédagogiques. Le basculement de 1986 en est une illustration typique.

Au départ, donc, il y a la volonté politique d'un enseignement plus précoce, volonté qui rencontre les travaux d'une équipe de mathématiciens de l'INRP travaillant dans des GS de maternelle. Dans l'introduction de l'ouvrage connu sous le titre Ermel GS (1990), une inspectrice générale résume ainsi le projet de ces mathématiciens : « *s'agissant des jeunes enfants, l'hypothèse est posée que dans la genèse du concept de nombre, le nombre pour compter joue le premier rôle et le plus important* ».

Un basculement favorisé par l'oubli de la culture pédagogique d'avant 1970

Il est surprenant qu'une inspectrice générale considère comme banale l'hypothèse précédente alors qu'elle est en rupture totale avec la culture pédagogique de l'École de la République depuis pratiquement sa création. Or, s'il y a des personnes dans l'administration de l'Éducation nationale qui devraient être les garants de la mémoire de cette culture, ce sont évidemment les inspecteurs généraux.

À la décharge de cette inspectrice générale, la période 1970-1986 est largement responsable de l'oubli quasi généralisé de cette culture qui, rappelons-le, pouvait se caractériser ainsi : rejet d'un enseignement du comptage-numérotage pour miser sur celui des décompositions afin de favoriser la compréhension et la mémorisation. En effet, quand tout comptage est banni de l'école, comment entretenir la mémoire des méfaits du comptage-numérotage ? De plus, à l'époque, les défenseurs de l'activité des « boîtes-nombres » mettaient en avant d'autres arguments que le travail des décompositions des nombres qu'elle impliquait ou le refus du comptage-numérotage.

L'activité des « boîtes-nombres » : sa renommée tient à d'autres raisons que le travail des décompositions qu'elle impliquait

La description originelle de cette activité par Guy Brousseau (1972) est devenue un texte célèbre parce qu'il présentait pour la première fois une façon d'analyser la progressivité des activités pédagogiques permettant beaucoup de précision. Cette façon de concevoir la progressivité consiste à distinguer une première phase centrée sur les actions des élèves, puis une phase de formulation par les élèves de ce qu'ils viennent de faire et, enfin, une phase où ils se mettent d'accord sur ce qu'ils viennent d'apprendre (on parle d'« institutionnalisation »). Durant la période 1972-1986, les didacticiens des mathématiques insistaient beaucoup plus sur ce type d'analyse que sur le travail des décompositions des nombres qu'impliquait l'activité des « boîtes nombres », ce qui a favorisé l'oubli de cet aspect de l'activité.

Les pratiques pédagogiques d'après 1970, lorsqu'on analyse ce qui se faisait en classe, ne constituaient d'aucune façon une rupture avec les fondamentaux de la culture pédagogique de l'école française, mais aucun discours les accompagnant ne le signalait. Avec la conséquence suivante : si la réforme des mathématiques modernes n'a pas dégradé les performances en calcul des élèves, comme les résultats de la DEPP en attestent, elle nous a fait oublier notre culture pédagogique des premiers apprentissages numériques. On comprend mieux que l'Inspection générale n'ait pas eu à l'époque le rôle de gardien de la mémoire de la culture pédagogique qui aurait dû être le sien, ce qui a facilité le basculement de 1986.

Un phénomène aggravant fut la disparition ultérieure des inspections et des inspecteurs(trices) des écoles maternelles, ce qui a conduit à d'autres préoccupations les personnes qui étaient les mieux à même de nous rappeler cette culture. L'oubli s'est installé, et pour longtemps.

Un basculement favorisé par l'euphorie de l'innovation

Quand Ermel a commencé à travailler avec l'hypothèse selon laquelle *« le nombre pour compter joue le premier rôle »*, on aurait pu penser que l'hypothèse en elle-même aurait été testée. Mais, dès 1985, la machine est lancée : des dizaines de professeurs d'écoles normales se mettent à inventer des séquences pédagogiques conformes à cette hypothèse, des dizaines d'instituteurs se mettent à les « expérimenter ». Tout ceci avec l'enthousiasme qui accompagne une telle révolution. Dès 1986, les « documents de travail » qu'ils utilisent se diffusent dans les écoles normales et quand Ermel GS paraît, en 1990, quiconque est candidat au concours de professeur des écoles (qui vient d'être créé), à l'examen de conseiller pédagogique ou au concours d'inspecteur a plutôt intérêt à défendre des idées conformes à l'hypothèse qui est celle d'Ermel.

L'un des biais de l'étude menée par les mathématiciens de Ermel est qu'ils ont élaboré des séquences pour la GS, certes, mais pas pour la PS ou la MS. Ils observent évidemment des enfants qui se trompent quand ils comptent. Alors, quand ces enfants ne respectent pas la correspondance 1 mot – 1 objet, par exemple, ils préconisent d'organiser une sorte de débat avec les enfants à propos de cette erreur. L'enseignant peut le faire en animant une marionnette qui compte « à la Gelman » mais qui se trompe parce qu'elle ne repète pas le dernier mot prononcé ou parce qu'elle effectue mal la correspondance 1 mot – 1 objet : à un moment, elle saute un objet ou bien elle dit 4-5 en pointant le même objet, par exemple. La tâche des enfants est de repérer l'erreur de la marionnette (Gelman elle-même avait utilisé cette façon de faire à des fins de recherche). À aucun moment, les mathématiciens d'Ermel n'envisagent qu'une autre façon de parler les premiers

Les conséquences d'une valorisation de la pédagogie de sens commun

Pour mieux comprendre ce qui s'est passé à cette époque, et ce qui a suivi, il faut rappeler que l'enseignement du comptage « à la Gelman » est un enseignement selon le sens commun. C'est ainsi que procède n'importe quel adulte qui n'a pas été formé à l'enseignement des enfants. Or, pour rendre compte de ce qui se produit lorsque l'école se met à valoriser la pédagogie de sens commun plutôt que d'autres options moins faciles à comprendre et à mettre en œuvre, on peut utiliser la métaphore du barrage dont on ouvre les vannes : une fois les vannes ouvertes, la vague déferle et l'eau se répand partout très rapidement. Renverser le cours des événements devient vite quasi impossible, surtout si celui qui a ouvert les vannes, et pourrait seul les refermer, l'a fait en croyant bien faire.

nombres en PS et en MS, basée sur les décompositions de ces nombres, diminuerait considérablement ce type d'erreur parce qu'elle permettrait que l'apprentissage du comptage à l'école soit d'emblée celui du comptage-dénombrement, c'est-à-dire un apprentissage guidé par la compréhension plutôt qu'un apprentissage de règles dont l'enfant ne maîtrise pas les raisons.

En psychologie, dès cette époque, la théorie de Gelman commençait à être critiquée aux États-Unis et, m'appuyant sur ces travaux critiques et certains textes des pédagogues « anciens », j'ai rédigé divers articles invitant à la prudence dans la réhabilitation du comptage. Ils s'intitulaient par exemple : « *Compter à l'école maternelle ? Oui, mais…* » (1989b), « *Le comptage en tant que pratique verbale : un rôle ambivalent dans le progrès des enfants* » (1995a) ou « *Calculer et compter de la petite section à la grande section de maternelle* » (1990). Le titre de la réponse à ce dernier texte, rédigée par deux des principaux animateurs de l'équipe Ermel, suffit presque pour en appréhender le contenu : « *Calcul ou comptage ? Calcul et comptage !* » Je défendais l'idée que l'enseignement du comptage-numérotage fait obstacle à l'accès au calcul et qu'un mode d'expression compatible avec le calcul le facilite, et ceci dès la PS. Eux plaidaient de façon diplomatique pour que les enseignants acceptent toutes les procédures utilisées par les élèves. C'était habile : entre Ermel GS qui s'ouvrait par l'aphorisme de Bachelard « *L'enfant n'est pas un vase qu'on emplit mais un feu qu'on allume* » et une mise en garde appelant à la méfiance vis-à-vis d'un comportement courant et semblant aller de soi (le comptage-numérotage), il n'y a pas eu photo.

Le comptage-numérotage considéré comme « naturel »

Toujours pour comprendre ce qui s'est passé, il faut insister sur le fait que, pour les mathématiciens de Ermel, compter « à la Gelman » apparaissait naturel. Leur problématique était donc la suivante : quelles situations devons-nous inventer pour rendre les élèves plus performants dans leurs comptages (numérotages). Ils cherchaient par exemple à ce qu'ils découvrent des raccourcis tels que compter à partir d'un nombre donné plutôt que tout compter depuis le début, ce qu'on appelle aussi le « surcomptage », qui peut être utilisé pour déterminer une somme quand on ne sait pas la calculer. Or, à l'époque, grâce à des travaux de psychologie interculturelle, il était possible d'avoir plus de distance vis-à-vis du caractère « spontané » du comptage-numérotage.

C'est ainsi que Fuson (Fuson & Kwon, 1992), après avoir étudié pendant près de quinze ans comment les enfants états-uniens découvrent de nouvelles stratégies de comptage pour résoudre des problèmes d'addition et de soustraction, observe chez des enfants coréens un cheminement très différent, fondé sur l'usage de stratégies de décomposition-recomposition. Or, ce cheminement s'avère autrement plus rapide : les enfants asiatiques ont, pour l'essentiel, mémorisé les résultats des additions élémentaires en fin de CP ; les enfants vivant aux États-Unis, un an et demi à deux ans plus tard (Geary & coll., 1992). Karen Fuson écrit en 1992 : « *Les stratégies utilisées par les enfants trouvent toujours leur origine dans des pratiques culturelles, qu'elles soient propres au contexte scolaire ou qu'elles proviennent de l'environnement social plus global de l'enfant ; ces stratégies ne surgissent pas d'un vide culturel ou expérientiel. Il est très important que nous nous interrogions sur les méthodes qu'il convient de favoriser plutôt que d'accepter systématiquement celles qui sont découvertes par les enfants parce qu'elles seraient naturelles.* » (p. 163) Les mathématiciens d'Ermel ne connaissaient pas ces travaux.

C'est la même équipe Ermel, élargie à d'autres didacticiens des mathématiques, qui, en 2002, a rédigé des programmes conduisant les élèves d'école maternelle à compter encore plus tôt, encore plus loin, sans jamais distinguer l'enseignement du comptage « à la Gelman » d'une autre façon de l'enseigner. Quiconque n'était pas d'accord avec ces préconisations était ignoré des responsables de la préparation des programmes.

Et dans la recherche en psychologie ?

Du côté du discours institutionnel, donc, la « pensée unique » régnait. Et dans le domaine de la psychologie ? Bien qu'il fût possible à l'époque de s'appuyer sur quelques travaux pour critiquer l'enseignement du comptage-numérotage (ceux de Karen Fuson, notamment), il était encore loin d'être facile de défendre un autre point de vue que celui de Gelman.

Une période durant laquelle la perspective dominante change

Cette période est celle où, en quelques années seulement, l'enseignement de la psychologie à l'Université se transforme profondément : la perspective piagétienne, auparavant hégémonique, est très critiquée et la psychologie cognitive, elle, s'affirme conquérante. Ces périodes favorisent généralement l'engouement pour la perspective nouvelle : on croit que le nouveau paradigme va permettre de mieux comprendre le monde, on fonde de grands espoirs dans les applications pratiques qui seront les siennes, notamment dans le domaine de l'éducation. Cela conduit souvent à un certain scientisme.

De plus, ce sont des périodes où les travaux sont souvent interprétés à travers la grille de lecture que constitue l'opposition entre l'ancien et le nouveau paradigme. Dès la publication de *Comment les enfants apprennent à calculer* (1989a), certains psychologues se sont intéressés à ce que j'écrivais alors ; ils s'y intéressaient donc quelque temps avant que, en 1997, je sois devenu maître de conférences en psychologie expérimentale (après avoir été professeur de mathématiques pendant 20 ans en école normale puis en IUFM). En 1995, un chercheur en psychologie commentait ainsi l'un de mes écrits : « *R. B. passe en revue les approches théoriques et les observations empiriques afin de faire apparaître les faiblesses de la théorie de Gelman et l'intérêt de procédures sollicitant les décompositions-recompositions. S'il faut concéder que les travaux de Gelman ont probablement privilégié abusivement le rôle du langage, il convient également de rappeler que cet abus a succédé à un autre qui, lui, a consisté, pour Piaget, à n'accorder aucune fonction au langage dans la construction des notions arithmétiques.* »

Or, mettre l'accent sur les décompositions, ce n'est d'aucune façon considérer que Gelman accorde trop d'importance au facteur langagier, ce n'est pas non plus absoudre Piaget pour son étude insuffisante du facteur langagier, c'est souligner l'ambivalence de ce facteur : le langage crée des obstacles au progrès lorsqu'on enseigne le comptage « à la Gelman » alors qu'il favorise ce progrès lorsqu'on privilégie la signification cardinale des mots-nombres avec l'emploi de décompositions ou du comptage-dénombrement. En enseignant le comptage-numérotage, on oblige les enfants à un apprentissage implicite des nombres et du calcul alors qu'en décrivant les nombres à l'aide de décompositions, on en favorise un apprentissage explicite. Certaines idées, parce qu'elles s'insèrent mal dans la grille de lecture dominante du moment, s'avèrent difficiles à apprécier pour ce qu'elles sont.

Des chercheurs qui critiquent timidement les thèses de Rochel Gelman

Rappelons quand même que Rochel Gelman soutenait que les jeunes enfants comprennent de manière innée ou presque ce qu'elle appelait les « principes du comptage », y compris le « principe cardinal » (pour elle : le « principe » selon lequel le dernier mot prononcé désigne le nombre). Pour quiconque a travaillé avec de très jeunes enfants, cette thèse aurait dû d'emblée apparaître peu crédible. À l'époque, cependant, la plupart des chercheurs en psychologie qui étaient critiques vis-à-vis de la thèse de Rochel Gelman avaient pleinement conscience que Piaget n'avait pas suffisamment étudié le comptage. Alors, pour eux, la vérité devait se trouver dans un entre-deux qu'ils n'arrivaient pas à définir. À l'époque, par exemple, s'il fallait construire un outil diagnostique pour évaluer ce que sait un enfant dans le domaine du nombre, le psychologue y mettait quelques tests piagétiens et puis... il vérifiait le respect des principes du comptage « à la Gelman ».

Il faut le dire : la timidité avec laquelle, à l'époque, un grand nombre de chercheurs en psychologie se sont démarqués de la thèse de Rochel Gelman peut servir d'excuse aux mathématiciens de l'équipe Ermel et aux responsables de l'Éducation nationale qui ont promu leurs travaux.

Une sous-estimation du rôle des stratégies de décomposition-recomposition dans la mémorisation

De même, dans les années 90, nous n'étions, à ma connaissance, que deux chercheurs dans la psychologie francophone à lier fortement la mémorisation des résultats d'additions élémentaires à l'usage de stratégies de décomposition-recomposition comme : $8 + 7 = 8 + 2 + 5$ ou $9 + 4 = 9 + 1 + 3$. Il y avait Jean-Paul Fischer (1992), qui a développé une théorie générale de la mémorisation et qui, pour argumenter en faveur de cette théorie, s'est appuyé de manière privilégiée sur l'exemple de ces stratégies de décomposition-recomposition, et moi-même.

Dans mon parcours de chercheur, cette conviction que l'usage de stratégies de décomposition-recomposition et la mémorisation ont partie liée résultait de l'étude de la façon dont des enfants sourds profonds mémorisent les relations numériques : j'avais eu la surprise d'observer quelques enfants qui, grâce à l'usage de ce type de stratégies, mémorisaient mieux les résultats d'additions que la plupart des enfants entendants (Brissiaud, 1995b). Mais elle résultait surtout de ma connaissance des textes des anciens pédagogues.

En 1989, j'utilisais souvent l'expression « calcul pensé » pour parler des stratégies de décomposition-recomposition et je défendais de la façon suivante l'usage de telles stratégies comme alternative à l'apprentissage par cœur des tables pour mémoriser les résultats d'addition (Brissiaud,1989a) : « *La mémoire n'est pas un sac dans lequel sont retenues des informations isolées et statiques ; il convient mieux de se la représenter comme un réseau où les informations sont reliées entre elles par des liaisons complexes, structurées et organisées de manière dynamique et plastique. C'est ainsi que la détermination d'un résultat par un calcul pensé est l'occasion de construire de telles liaisons. Cette pratique du calcul pensé est en elle-même un élément du processus de mémorisation. La mémorisation ne suit pas, elle accompagne et, peut-être même, résulte.* » C'était une tentative pour reformuler avec les mots disponibles à la fin du siècle dernier ce que les pédagogues du début du même siècle exprimaient avec les leurs.

Dans les années 90, la théorie de Jean-Paul Fischer, ainsi que cette façon de décrire la mémorisation trouvèrent très peu d'écho. Il n'est pas anodin de remarquer que Jean-Paul Fischer est lui aussi un ancien professeur de mathématiques en école normale devenu ensuite enseignant chercheur en psychologie. C'est donc la capacité de la psychologie à intégrer des problématiques venues de l'éducation qui est en cause.

Un outil pédagogique dont il faut se méfier : la « file numérotée »

Nous verrons dans le prochain chapitre qu'aujourd'hui, le paysage théorique de la psychologie cognitive a beaucoup changé. Mais avant de le montrer, il faut absolument souligner que je ne suis pas dépourvu de responsabilité dans les conséquences du basculement de 1986 en termes d'échec scolaire. Et cela, même si je peux invoquer des circonstances atténuantes : on trouvait dans mon ouvrage de 1989 un grand nombre de signaux d'alerte, on y trouvait la première présentation de la distinction fondamentale entre comptage-numérotage et comptage-dénombrement (à l'époque j'opposais comptage-numérotage et dénombrement, ce qui était moins explicite). On peut même considérer que le souci d'éviter l'enseignement du comptage-numérotage était le fil conducteur de l'ouvrage. On y trouvait l'explication, qui vient d'être rappelée, du fait que les stratégies de décomposition-recomposition favorisent la mémorisation des résultats d'additions élémentaires. Mais il faut avouer que j'étais loin d'anticiper l'ampleur des conséquences de ce basculement et j'ai commis l'erreur de recommander l'usage d'une file constituée d'une suite de cases numérotées. On parlera dans la suite d'une « file numérotée » (les pédagogues parlent souvent de « file numérique » alors qu'elle est loin de toujours fonctionner de manière numérique). Or, la seule présence d'une file numérotée en classe conduit de nombreux élèves au comptage-numérotage, avec des conséquences défavorables au progrès.

La file numérotée pour retrouver les écritures chiffrées

Ainsi, depuis 1986, et non auparavant, les enseignants utilisent couramment cette file numérotée pour apprendre aux enfants de GS et de CP à retrouver l'écriture chiffrée d'un mot-nombre à partir de son écoute. Dans une telle situation, et s'il s'agit de « huit », par exemple, l'enfant dispose au départ de la sonorité de ce mot (on vient de le lui dicter, par exemple) et il voudrait savoir comment se dessine le chiffre correspondant. Il peut alors prendre une file numérotée commençant par « 1 » et en compter les cases jusqu'à entendre « huit » : il voit alors un petit rond dessiné au-dessus d'un plus grand ; c'est le chiffre 8. Mais ce que l'enfant retrouve ainsi, c'est la case numéro « 8 » ; s'il s'était arrêté avant, ça aurait été « la 7 ». C'est donc la signification numéro qui fonctionne dans un tel contexte. De plus, certains enfants deviennent dépendants de l'usage de cette file et les gestes graphiques leur permettant d'écrire les chiffres résultent alors systématiquement de cette copie des dessins figurant dans les cases de la file numérotée. Ils l'effectuent tantôt d'une façon, tantôt d'une autre et, pour chaque chiffre, ils ne mémorisent pas la trajectoire du geste qui, de façon stabilisée, leur permettra leur vie durant d'écrire le chiffre correspondant. Or, de nombreuses recherches récentes conduisent à penser que la mémorisation de cette trajectoire participe grandement à l'apprentissage de la lecture-écriture des chiffres (Fischer, 2010 ; Labat & coll., 2010).

Et pour retrouver le résultat d'une addition

Concernant l'apprentissage du calcul, les conséquences sont pires. Même si, à l'époque, j'incitais à utiliser la file numérotée avec beaucoup de précautions, je suis convaincu aujourd'hui que toutes les précautions possibles n'empêcheront pas que cela retarde le progrès vers le calcul. En effet, quand une file numérotée est affichée au-dessus du tableau, les élèves l'utilisent également pour retrouver le résultat d'une addition telle que 8 + 5. Ils procèdent presque comme le faisait l'élève « mal débuté » qu'évoquait Henri Canac : *8, 9, 10, 11, 12, 13.* Avec cet outil, ils n'imaginent pas 5 doigts mais ils comptent 5 sauts de 1 case et ils recopient le numéro de la case d'arrivée. Cette file numérotée n'apparaissait d'ailleurs dans aucun manuel ou fichier de CP d'avant 1986, elle n'était jamais affichée dans les classes et les élèves calculaient bien mieux.

AUJOURD'HUI, DES RAISONS D'ESPÉRER

Des recherches en psychologie qui confortent la culture pédagogique francophone

Les chercheurs s'accordent aujourd'hui pour considérer que l'apport des travaux de Rochel Gelman doit, pour le moins, être relativisé (Thevenot & coll., 2010). En fait, les recherches publiées ces 30 dernières années vont toutes dans le même sens : il faut être beaucoup plus strict dans les critères comportementaux que l'on utilise pour considérer qu'un enfant commence à comprendre les nombres.

Utiliser la tâche « Donne-moi... » plutôt que « Combien y a-t-il... »

Pour Gelman, il suffisait que l'enfant répète le dernier mot d'un comptage pour qu'elle considère que l'enfant comprend ce nombre (on a vu que de nombreux enfants ne le font pas précocement). Dès les années 80, de nombreuses recherches ont invalidé ce point de vue.

Une recherche récente met particulièrement bien en évidence l'erreur commise par Gelman. Deux chercheuses, Sarnecka & Carey (2008), étudient les compétences numériques d'enfants qui ont entre 2 ans 10 mois et 4 ans 3 mois ; elles leur demandent combien il y a d'objets dans une collection de 10 objets. Sur les 67 enfants interrogés, 53 comptent correctement les 10 objets et répètent le dernier mot prononcé : « dix ». Or, plus d'un tiers de ces 53 enfants, face à un stock de cubes, échouent la tâche « Donne-moi 5 cubes » ; ils en donnent une poignée au hasard, par exemple (certains échouent lorsqu'on leur demande de donner 3 cubes !). Les enfants sont donc susceptibles de répéter le dernier mot d'un comptage alors qu'ils n'ont pas compris les tout premiers nombres : ils se comportent ainsi parce qu'ils ont perçu que répéter le dernier mot est ce qu'attendent les adultes ; ils utilisent une « règle du dernier mot prononcé », sans faire de lien avec le nombre (Fuson, 1988).

La tâche « Combien y a-t-il de… » étant surentraînée, certains enfants se comportent conformément aux attentes des adultes, y compris en répétant le dernier mot de leur comptage-numérotage, alors qu'ils ne font pas de lien avec le nombre. Ils sont en tout cas incapables d'une quelconque généralisation et on comprend que des pédagogues du milieu du XXe siècle comme Henri Canac aient qualifié le comptage, dans ces cas-là, de « mécanique ».

On remarquera cependant qu'aux États-Unis, quand un enfant sait donner 5 objets, il sait généralement en donner autant qu'il sait compter. Par exemple : quand un enfant sait donner 5 objets, il sait aussi donner 10 objets pour peu qu'il sache compter verbalement jusqu'à 10. C'est la raison pour laquelle, depuis plusieurs années, les chercheurs qui travaillent avec Susan Carey (professeure à Harvard) considèrent qu'un enfant comprend les nombres lorsqu'il sait donner jusqu'à 5 objets de façon fiable.

Même la réussite à la tâche « Donne-moi… » n'assure pas de la compréhension

Mais, de manière encore plus récente, Davidson & coll. (2012) s'adressent à des enfants qui ont entre 3 ans 4 mois et 5 ans 3 mois et qui savent tous donner 5 objets (de plus, ils savent tous compter verbalement jusqu'à 9 au moins). Or, lorsqu'on leur demande de dénombrer une collection de 4 objets et qu'ensuite l'expérimentateur ajoute 1 autre objet en interrogeant : « Et maintenant, il y a 5 objets ou 6 objets ? », un grand nombre de ces élèves ne répondent pas mieux qu'au hasard. Ainsi, qu'un enfant sache donner 5 objets n'assure nullement qu'il sache que 5, c'est 4 et encore 1.

Cela s'explique ainsi : la tâche « Donne-moi… » n'est pas autant entraînée que la tâche « Combien y a-t-il… », mais elle l'est également et, bien entendu, certains enfants apprennent à se comporter conformément à l'attente des adultes dans cet autre contexte, sans pour autant comprendre réellement les nombres. La théorie béhavioriste rend très bien compte de tels apprentissages associatifs par répétition !

Comprendre le comptage-dénombrement et connaître les décompositions des nombres

On notera que la recherche de Davidson nous rapproche d'une définition acceptable de la compréhension des nombres : comprendre le nombre 5, c'est au minimum savoir que 5, c'est 4 et encore 1 (compréhension d'un comptage-dénombrement jusqu'à 5). Et quand l'enfant sait que « 5, c'est aussi 2 et encore 2 et encore 1 », quand il sait que « 5, c'est 3 et encore 2 »…, on peut considérer que cet enfant comprend encore mieux le nombre cinq. Les chercheurs en psychologie en arrivent donc aujourd'hui à considérer que comprendre le nombre cinq, c'est avoir compris la phase d'étude de ce nombre telle que la décrivait Henri Canac et ses prédécesseurs.

Mémorisation des additions élémentaires et usage de stratégies de décomposition-recomposition

Au États-Unis, le chercheur le plus influent aujourd'hui auprès du NCTM (National Concil of Teachers of Mathematics) est très certainement Arthur Baroody. En 2009, il a rédigé un article dont le titre s'inspire de celui du célèbre livre *Why Can't Johnny Read ?* (Flesch, 1955). Rudolf Flesch était un conservateur nationaliste, mais qui avait du style. Baroody est un progressiste qui utilise un titre dont tout le monde se souvient plus de 50 ans après pour diffuser une information très différente dans la forme et dans le fond : il s'agit d'un article scientifique. Ce que Johnny échoue, dans l'article de Baroody, c'est ce qu'échouent de manière caractéristique les enfants que l'on qualifie de dyscalculiques ou, si l'on adopte un autre point de vue théorique, de « mal débutés » : ces enfants ne mémorisent pas les résultats d'additions élémentaires. L'article s'intitule : « *Why Can't Johnny Remember the Basic Facts ?* » (Baroody & coll., 2009).

Baroody consacre la plus grande partie de l'article au rôle joué par la connaissance des décompositions des nombres (par exemple : 8 = 5 + 3 ou encore 7 = 1 + 6) et par l'usage de ces décompositions au sein de stratégies de décomposition-recomposition (par exemple : 5 + 8 = 5 + 5 + 3 ou encore 9 + 7 = 9 + 1 + 6). Il considère que l'usage de telles stratégies joue un rôle crucial dans la mémorisation des résultats élémentaires d'additions et que l'absence d'usage de telles stratégies est l'une des principales explications du fait que « *Johnny Can't Remember the Basic Facts* ».

Il considère que l'apprentissage par cœur des tables d'addition ne peut pas se substituer à l'usage de telles stratégies parce que « *The memory network of experts may not simply involve discrete individual facts but interconnected concepts, combinations, and automatic rules or reasoning processes.* » On retrouve dans cet extrait l'idée d'une mémoire qui n'est pas un sac dans lequel sont retenues des informations isolées et statiques. Tous les chercheurs états-uniens ne pensent pas comme lui, certains plaident en faveur de l'apprentissage par cœur ; il a d'autant plus de mérite que les États-Unis n'ont jamais connu une culture pédagogique qui invite les enseignants à se méfier du comptage-numérotage. C'est seulement l'étude des données empiriques qui le conduit à cette position.

Ainsi, en liant fortement la mémorisation des résultats d'additions élémentaires à l'usage de stratégies de décomposition-recomposition, Baroody conforte le point de vue qui est celui de la culture pédagogique française entre 1923 et 1986. Dans son argumentation, il s'appuie sur les résultats de recherches qui, dernièrement, se sont considérablement développées : les recherches interculturelles.

Mémorisation des additions élémentaires et comportement stratégique

La baisse spectaculaire de niveau après le « basculement de 1986 » est en fait le résultat d'une loi assez générale : les enfants « fragiles » se sortent très difficilement des apprentissages mécaniques précoces parce qu'il y a chez eux une sorte de rigidité comportementale. Tout pédagogue ayant une carrière assez longue peut citer des centaines d'exemples d'enfants qui passent leur scolarité entière à utiliser systématiquement des procédures de bas niveau qu'ils ont acquises sans signification et qu'ils ont finalement réussi à bricoler suffisamment afin qu'elles conduisent à un résultat conforme à l'attente des adultes. Mais ils obtiennent ce résultat si lentement et au prix de tant d'efforts que leurs progrès sont limités par avance. Ce sont des enfants qui ne sont jamais dans un rapport stratégique aux tâches : quand ils disposent d'une façon de faire, ils l'utilisent systématiquement. Or les recherches en psychologie portant sur les enfants en grande difficulté dans les apprentissages numériques (souvent étiquetés « dyscalculiques ») ne nous les décrivent pas autrement : ce sont des enfants compteurs qui ne mémorisent même pas les résultats d'additions élémentaires (Geary, 2005 ; Fayol, 2012 ; par exemple).

Les recherches interculturelles concernant la mémorisation des additions élémentaires

Les écarts de performances observés sont considérables. Ainsi, les enfants chinois (Taïwan) mémorisent les résultats d'additions élémentaires 1 an 1/2 en moyenne avant les enfants états-uniens (Geary & coll., 1992). La principale explication est liée à la langue : l'absence d'irrégularité dans la façon de nommer les nombres dans une langue s'accompagne systématiquement de bonnes performances des élèves en calcul. C'est le cas notamment dans les pays asiatiques, mais aussi dans d'autres pays comme la Finlande ou la Hongrie. En français, un exemple typique d'irrégularité est « onze, douze, treize… » pour désigner des nombres qui se disent « dix-un, dix-deux, dix-trois… » dans les langues des pays précédents, plus transparentes. À l'évidence cette régularité langagière favorise l'usage des stratégies de décomposition-recomposition et, donc… le progrès en calcul et dans la mémorisation des résultats d'additions élémentaires. Il s'agit là encore de constatations qui vont dans le même sens quant au rôle fondamental des stratégies de décomposition-recomposition dans la maîtrise du calcul (Brissiaud, 2003).

La connaissance des obstacles liés à l'usage de la langue française

Mais il est important de souligner que la perspective théorique d'un chercheur comme Baroody a encore des limites : il vit dans un pays qui n'a pas de petites classes d'école maternelle ; il est donc loin d'imaginer que lorsque de jeunes enfants, entre 2 et 5 ans, fréquentent une école, ils ont la possibilité de parler les premiers nombres autrement que dans leur famille ; il n'imagine pas que, selon la façon dont l'adulte parle lors d'un comptage, il facilite ou non l'interprétation de ce qu'il fait : ajouter successivement des unités tout en exprimant à chaque fois le nombre total résultant de cet ajout ; il n'imagine pas que cela pourrait influer de manière décisive sur le progrès.

On ne trouve donc pas dans les recherches menées aux États-Unis la distinction entre deux façons de parler les nombres, ni de distinction entre deux façons d'enseigner le comptage : le comptage-numérotage et le comptage-dénombrement. L'absence de petites classes d'école maternelle et, donc, de réflexion sur les pratiques professionnelles qui doivent y être développées expliquent ce manque d'analyse théorique. Mais il y a une autre explication : la langue anglaise favorise mieux que la langue française l'accès à la signification cardinale des mots-nombres.

La polysémie du mot « un » dans la langue française

En français, le mot « un » a deux significations, ce qui n'est pas le cas en anglais. L'expression française « un chat », par exemple, se traduit en anglais soit par « a cat » (lorsqu'on parle d'un chat quelconque), soit par « one cat » (lorsqu'on veut exprimer que le nombre de chats est réduit à l'unité). Il n'est pas difficile de comprendre que lorsqu'une langue dispose de deux mots différents pour deux notions différentes, cela facilite la compréhension des enfants qui rentrent dans le langage.

Dans une PS ou une MS, on n'a aucune difficulté à repérer des moments où la polysémie du mot « un » dans la langue française est source de difficulté. Par exemple, l'enseignant montre une image à des enfants sur laquelle il y a 1 ours en peluche, 2 ballons et 3 camions et il leur demande de compléter la phrase qu'il amorce : « *Sur l'image, il y a un...* ». L'enseignant s'attend à ce que les enfants disent « *un nounours* » parce qu'il y a deux ballons et trois camions, mais immanquablement, lors des premières rencontres avec cette tâche, il y a des enfants, dont l'attention a été attirée par l'un des camions, par exemple, et qui s'exclament : « *Y a un camion là !* ». C'est l'autre « un », l'article indéfini, que cet enfant fait fonctionner. Un pédagogue anglophone disant : « *There is one...* » n'aurait pas eu cette difficulté parce le mot « one » fonctionne par exclusion des mots « two » and « three ». Il suffit d'ailleurs que le pédagogue francophone commence son interrogation par « *Il y a trois...* », puis « *Il y a deux...* » et enfin « *Il y a un...* », pour que le mot « un » fonctionne par exclusion et que la difficulté soit supprimée.

Par ailleurs, l'existence du féminin pour le mot « un » crée une autre difficulté pour accéder à l'idée d'unité. Celle-ci s'exprime tantôt avec « un », tantôt avec « une » en français alors qu'elle s'exprime toujours avec « one » en anglais.

Dénombrer, c'est tout à la fois construire mentalement des unités, les énumérer et utiliser un système symbolique pour en exprimer la totalité (Brissiaud, 2007). La construction des unités est l'opération de base, celle sans laquelle rien n'est possible. Quand une langue ne favorise pas la construction mentale de ce qui est « un », elle est un obstacle important au dénombrement.

Le pluriel des noms qui ne s'entend pas dans la langue française

Une dernière difficulté due à la langue française doit être évoquée ici : le pluriel qui s'entend en anglais et non en français. L'enfant anglophone a la possibilité de contraster « one cat » avec « two cats » et « several cats » parce que les noms portent une marque orale du pluriel (ici la consonne

[s] finale), alors que l'enfant francophone n'a cette possibilité que pour quelques cas exceptionnels comme « un cheval/deux chevaux ». Quand le pluriel s'entend dans une langue, cela aide les enfants à comprendre que les mots-nombres désignent des pluralités, cela les aide à accéder à leur signification cardinale.

Il n'est donc pas étonnant que Hodent & coll. (2005) aient pu montrer qu'à 2-3 ans les enfants francophones comprennent moins bien les 3 premiers nombres que les enfants anglophones. Il n'est pas étonnant non plus que ce soit en contexte francophone que la distinction entre comptage-numérotage et comptage-dénombrement ait été avancée : jamais les pédagogues anglophones ne se sont méfiés du comptage comme ce fut et comme ce devrait être le cas chez les pédagogues francophones. Une meilleure connaissance de toutes ces difficultés, aujourd'hui, est évidemment une raison d'espérer que les enseignants les intégreront dans leurs choix pédagogiques.

Et un rapport d'inspecteurs généraux

Enfin, une dernière raison d'espérer est la publication récente d'un rapport sur l'école maternelle (octobre 2012). Dans sa partie pédagogique, il est l'œuvre de deux IG : une inspectrice générale que l'on qualifierait presque « des écoles maternelles » si cette mention existait toujours, Viviane Bouysse, et le doyen de l'IG, Philippe Clauss. Ils notent que « *les apprentissages "culturels" que symbolise l'omniprésence de la suite numérique ont pris le pas sur le traitement des quantités et la relation entre nombre et quantité* ». C'est une façon d'exprimer que la compréhension des nombres est insuffisamment présente dans les classes et c'est une invitation à mettre en œuvre des pratiques pédagogiques qui favorisent mieux cette compréhension. Des changements sont donc en vue.

AUJOURD'HUI, DES RAISONS D'ÊTRE INQUIET

Concernant la psychologie, une situation proche de celle des années 70-90

Les raisons d'espérer sont nombreuses, celles d'être inquiet le sont également. Ainsi, la psychologie est aujourd'hui à un moment de son histoire qui ressemble aux années 70-90, lors de la montée en influence de la psychologie cognitive. Mais c'est la neuropsychologie qui est maintenant conquérante. Au niveau international, l'un des plus éminents chercheurs ayant participé à en développer les méthodes, et qui a obtenu les résultats les plus significatifs, est français : c'est Stanislas Dehaene, titulaire de la chaire de psychologie expérimentale au Collège de France. Cela peut être une chance : généralement, les plus grands scientifiques d'un domaine sont également ceux qui perçoivent le mieux les limites des recherches qui y sont menées. Et, de fait, Stanislas Dehaene souligne fréquemment que les neurosciences cognitives sont encore balbutiantes concernant de nombreuses questions. Mais la dynamique est telle qu'il n'est pas sûr que cela suffise.

Dans le domaine qui nous intéresse, l'apport le plus clair de la neuropsychologie est la mise en évidence du fait que l'homme, comme tous les animaux, possède de manière innée une intuition primitive des grandeurs (Dehaene, 1997/2010). Cependant, c'est la même aire cérébrale qui code indistinctement la grandeur des collections, celle des longueurs et celle des durées. Or, le comptage-numérotage de N objets conduit au codage cérébral d'une grandeur appariée à N (j'ai compté loin, pas loin ; longtemps, pas longtemps ; j'ai compté une collection plus ou moins grande). Utiliser cette intuition primitive des grandeurs pour comparer divers comptages numérotages est bien sûr source de progrès.

Ainsi, aux États-Unis, Bob Siegler a étudié un jeu de déplacement sur une file numérotée qui sert de piste (The Great Race) et il montre que dans certaines conditions (il ne faut pas que la file soit circulaire, par exemple), jouer à ce jeu conduit à des progrès aux tâches suivantes : compter, associer un mot à un chiffre, comparer rapidement des collections de points, positionner un nombre sur une droite (Siegler & Ramani, 2009). Mais Fareng & Fareng (1966) ne disaient pas autre chose : « *... cette façon empirique fait acquérir à force de répétitions la liaison entre le nom des nombres, l'écriture du chiffre, la position de ce nombre dans la suite des autres...* ». Cependant, de nombreuses recherches permettent aujourd'hui de comprendre pourquoi ils poursuivaient : « *mais le comptage [numérotage] gêne la représentation du nombre, l'opération mentale, en un mot, (il) empêche l'enfant de penser, de calculer* ». Malheureusement, ce qui valait dans les années 80 vaut également aujourd'hui : ces recherches ne sont guère mises en avant parce que la préoccupation première de nombreux scientifiques est de se positionner par rapport à la neuropsychologie ; or celle-ci n'est pas entrée dans ce domaine de recherche en étudiant les stratégies de décomposition-recomposition parce que leur complexité est bien plus grande que celle du comptage.

On peut donc être inquiet : la montée en influence de ce paradigme dans la recherche en psychologie se traduit par une médiatisation importante de pratiques pédagogiques qui, aux États-Unis, améliorent seulement de manière modeste les performances des enfants. Or, ces pratiques sont des pratiques d'enseignement du comptage-numérotage et elles correspondent donc à un choix très différent de celui qui vise à renouer avec la culture pédagogique des pays francophones. De nombreux arguments, dont les résultats de l'étude de la DEPP, conduisent à penser que, sur le long terme, ce second choix améliorerait bien davantage les performances des enfants. Cependant, avec le fonctionnement institutionnel de l'Éducation nationale, la première orientation pédagogique bénéficie de toute la promotion nécessaire et il n'est pas sûr que ce soit le cas pour la seconde.

Une publication institutionnelle déconnectée de la recherche

Les seuls textes pédagogiques institutionnels qui aient été publiés sous Robien-Darcos-Chatel sont, d'une part, les programmes de 2008 avec leurs repères de progressivité et, d'autre part, un livre intitulé *Le Nombre au cycle 2*, publié en octobre 2010 à l'initiative de deux inspecteurs généraux de mathématiques et qui rassemble des contributions d'auteurs différents, professeurs de mathématiques ou IEN. Les professeurs de mathématiques, sauf exception, n'appartiennent plus à Ermel, suspecté de ne pas avoir suffisamment insisté sur la mémorisation des tables et sur les « automatismes » en calcul. Ils appartiennent majoritairement à la COPIRELEM (Commission permanente des IREM sur l'enseignement élémentaire).

L'enseignement du comptage « à la Gelman » est comme naturalisé

Le Nombre au cycle 2 contient un chapitre qui traite des premiers apprentissages numériques. Ce chapitre aurait pu être écrit par l'un des auteurs d'Ermel, il y a 25 ans ; aucune des recherches menées depuis n'est mentionnée. Le dénombrement est décrit à travers les principes du comptage de Gelman, sans même que le nom de cette chercheuse soit seulement cité. Le lecteur néophyte n'a aucune possibilité de savoir pourquoi le comptage est analysé « à la Gelman » et non autrement. Les auteurs choisissent de mettre l'accent sur la correspondance 1 mot – 1 objet (comptage-numérotage) plutôt que sur la correspondance

1 mot – l'ensemble des objets déjà pris en compte (comptage-dénombrement), mais ce choix n'apparaît pas explicitement parce que nulle part n'apparaît qu'ils ont fait un choix.

Plus généralement, le lecteur n'a aucune possibilité de savoir d'où vient le discours qui est tenu. Alors que l'on est censé être entré dans l'ère de la mastérisation, jamais un texte pédagogique institutionnel n'a été aussi éloigné des canons universitaires. Il faut le dire avec une certaine gravité : il se passe, avec la diffusion d'un tel écrit par le ministère, le pire de ce qui pouvait arriver. Alors qu'en 1990 l'enseignement du comptage « à la Gelman » était présenté comme une hypothèse de travail utilisée par les mathématiciens de Ermel, cette façon d'enseigner le comptage est présentée dans *Le Nombre au cycle 2* comme allant de soi, elle est comme naturalisée. Toute critique est exclue parce que le propos tenu se présente comme relevant de l'évidence.

Une préconisation renouvelée avec insistance : faire automatiser

J'ai eu l'occasion, sur le *Café pédagogique*, de faire un compte rendu critique d'autres chapitres de ce livre. Le « mot vedette » de cette publication est « *automatisation* ». Ce mot, ainsi que ceux qui lui sont apparentés tels que « *automatisé* » et « *automatisme* », sont employés 63 fois dans un texte de 90 pages alors qu'ils n'étaient utilisés que 7 fois dans les 45 pages du document d'application des programmes de cycle 2 de 2002. Comment expliquer ce grand nombre d'occurrences du mot « *automatisation* » ?

De façon générale, le moteur de l'automatisation, c'est la répétition. Or, nous allons voir que lorsque les enseignants sollicitent un usage répété de procédures de comptage pour résoudre des additions élémentaires, cela ne conduit pas les élèves les plus fragiles à la mémorisation de leurs résultats. Les auteurs pensent avoir affaire à un défaut d'automatisation ; en réalité, l'automatisation a bien lieu, mais elle ne produit pas le résultat escompté.

Il convient en effet de se poser la question : de quelles procédures l'élève doit-il faire un usage répété pour mémoriser les résultats d'additions ? Des procédures de comptage ou de décomposition-recomposition ? Si, pour calculer 8 + 5, un enfant fait un usage répété de la procédure de comptage consistant à dire 8, 9, 10, 11, 12, 13, il peut procéder ainsi des milliers de fois sans mémoriser le résultat parce qu'entre les données du problème, 8 + 5, et le résultat, 13, il doit prononcer les mots neuf, dix, onze, douze. Au moment où l'enfant accède à la solution du problème, il n'a plus en mémoire les données du problème et la récitation de cette longue liste de mots fait ainsi obstacle à l'association : huit plus cinq, treize. Une procédure de décomposition-recomposition telle que 8 + 5 = 5 + 3 + 5 = 13, par exemple, met beaucoup plus directement en relation les données et le résultat (Brissiaud, 2003).

Lorsqu'on fait le choix d'enseigner le comptage-numérotage, même lorsque celui-ci est conçu comme une étape vers le comptage-dénombrement et vers l'usage de stratégies de décomposition-recomposition, il est extrêmement difficile d'empêcher les élèves les plus fragiles de continuer à utiliser ce qu'ils ont appris initialement : les procédures de comptage. Or, un usage répété de ces procédures ne conduit pas à la mémorisation. L'enseignant est d'ailleurs tenté de faire répéter autre chose : les expressions verbales mettant directement en relation les données et les résultats. Là encore, on peut relire Henri Canac (Brachet & coll., 1955) : « *Au vrai, avec ces élèves "mal débutés", comme on dit, il n'est qu'un moyen d'en sortir, qui est de leur faire apprendre par coeur les tables d'addition. Comme il a appris jadis la suite naturelle des nombres, le grand benêt de 8 ou 9 ans, si on l'assujettit tous les jours à répondre à des interrogations rapides sur la table d'addition (8 et 5 ? 4 et 3 ? 7 et 9 ? 8 et 4 ? ...) finira par proférer sans hésitation les groupes de mots : huit et cinq, treize ; quatre et trois, sept ; etc. et se libèrera ainsi de la servitude des bûchettes, des barres ou des doigts. Oui, mais ce sera passer d'une routine à une autre. Or, il y a beaucoup mieux à faire...* »

Un dernier point mérite d'être souligné : ce chapitre paraît en octobre 2010 et nulle part dans cet écrit on ne voit poindre les critiques figurant dans le rapport sur l'école maternelle de Viviane Bouysse et collègues, alors que ce dernier sera publié en octobre 2012 après avoir été longtemps maintenu dans les cartons.

Revenir à un « avant » mal connu pour sauver le calcul en France

On ne comprend rien aux choix pédagogiques et politiques des ministres Robien-Darcos-Chatel et à l'action de la direction du ministère chargée de mettre en œuvre ces choix, la DGESCO (Direction générale de l'enseignement scolaire), sans reconstituer, même brièvement, la façon dont ces ministres se sont forgé leurs convictions.

L'avis de l'Académie des sciences du 23 janvier 2007

Même si beaucoup pourrait être dit concernant les années qui ont précédé 2007, on peut commencer à raconter l'histoire en partant d'un texte publié le 23 janvier 2007 et connu comme l' « *Avis de l'Académie des sciences sur la place du calcul mental dans l'enseignement primaire* », avis qui avait été commandé par Robien. Il faut comprendre d'où vient cet avis : les plus éminents chercheurs en sciences (mathématiques, physique, biologie...), vraisemblablement au courant de l'effondrement des performances en calcul en CM2, considèrent qu'ils ne peuvent pas rester sans réagir et ils décident d'œuvrer pour sauver l'enseignement du calcul à l'école primaire de leur pays.

J'ai eu, à l'époque, quelques échanges avec l'un des mathématiciens qui a cosigné cet avis. La solution était pour lui évidente : il fallait revenir à l'enseignement des 4 opérations dès le CP ; il ne comprenait pas que l'on puisse douter du fait que la réforme des mathématiques modernes était à l'origine de l'effondrement des performances en calcul. Et quand j'essayais d'argumenter pour lui expliquer les raisons de l'abandon de l'enseignement du formalisme de la multiplication et de la division à ce niveau de la scolarité, mes arguments n'étaient pas reçus : ses parents avaient été instituteurs en Picardie et ils enseignaient les 4 opérations au CP à des enfants d'ouvriers agricoles polonais parlant à peine le français. Si un tel enseignement était possible à l'époque, il devait le rester aujourd'hui.

De fait, on lit dans l'avis du 23 janvier que : « *L'enseignement du calcul doit commencer par une pratique simultanée de la numération et des quatre opérations, une gradation en complexité se faisant entre maternelle et fin de primaire, jusqu'aux nombres décimaux et aux fractions.* »

C'est ce projet que réalisait la première mouture des programmes de 2008, la mouture que nous avons été quelques-uns à analyser de façon critique afin qu'elle soit changée et que les professeurs d'écoles disposent de plus de liberté. Nous avons d'ailleurs réussi, principalement parce que le *Café pédagogique* et le syndicat majoritaire chez les professeurs d'écoles, le SNUIPP-FSU, ont relayé nos analyses.

Des académiciens au diagnostic erroné

L'étude de la DEPP montre que le diagnostic de ces académiciens était erroné : en 1987, les élèves calculaient encore bien ; c'est en 1986, et non en 1970, qu'un « basculement » s'est produit. Toujours est-il que sous Robien-Darcos-Chatel, les académiciens précédents et les responsables de la DGESCO étaient sincèrement persuadés que si les professeurs d'écoles revenaient aux pratiques pédagogiques d'avant 1970, les résultats s'amélioreraient *ipso facto*. Sauf qu'ils méconnaissaient ces pratiques, notamment à quel point le comptage-numérotage était critiqué avant 1970.

Certaines personnes qui défendaient le retour à ce qu'ils croyaient être les pratiques anciennes, pensaient même s'inspirer de Ferdinand Buisson : pour eux, un enseignement du comptage le plus tôt possible, le plus loin possible, et un enseignement des 4 opérations dès le CP allaient être salvateurs.

Concernant le comptage, on a vu ce qu'il en est : c'est à l'opposé de la conception de Buisson. Concernant les 4 opérations dès le CP, ils méconnaissaient que, du temps de Buisson, le CP était une classe *préparatoire* ; l'enseignement du calcul y était principalement oral, comme cela était recommandé dans le rapport des inspecteurs généraux Marijon et Leconte, en 1928. Rappelons-nous leur critique de *« ces brillantes opérations qui font la joie de certains maîtres et d'à peu près tous les parents »*. À l'école maternelle et au CP, les enfants résolvaient des problèmes de partage avec des objets, ils ne faisaient pas de division.

C'est plus tard, vraisemblablement, que l'usage du formalisme est descendu dans ces petites classes. Dans les dernières pages des cahiers de GS des années 50, on voit fréquemment des divisions par 2 qui sont posées avec la potence, mais il ne faut pas se leurrer : l'enfant avait résolu un problème de partage en 2 avec des objets par une distribution 1 à 1 ; ensuite, la maîtresse montrait aux élèves ce qu'ils devaient reproduire avec soin sur leur cahier, elle leur expliquait comment disposer les écrits pour qu'ils « présentent » bien. Le cahier, à l'époque, fonctionnait comme un « petit théâtre » du travail scolaire (l'expression est de Jean Hébrard). Ce que l'on y voyait reflétait très mal la réalité de l'activité en classe.

Il se peut que l'on puisse parler, durant les années précédant 1970, d'un phénomène de « primarisation » de l'école maternelle au sens où le formalisme de l'école primaire était redescendu vers l'école maternelle pour s'y afficher, sans être source de progrès ; il se peut même que la critique de cette forme de « primarisation » ait facilité la réforme des mathématiques modernes.

Le fonctionnement institutionnel de l'ÉN s'est dégradé sous Robien-Darcos-Chatel

Les responsables de la DGESCO, donc, croyaient fermement au caractère salvateur de l'enseignement des 4 opérations dès le CP, et une vaste entreprise de normalisation des points de vue et des pratiques pédagogiques s'est mise en branle sous Robien-Darcos-Chatel.

Entretenir la confusion entre les programmes et les repères de progressivité

Un des moyens utilisés fut d'entretenir de manière systématique la confusion entre les programmes de 2008, qui sont définis par cycle, et les repères de progressivités qui, dans deux disciplines seulement, le français et les mathématiques, sont définis annuellement. Ainsi, dans un rapport de l'IG sur la mise en place des programmes de 2008, on pouvait lire : « *Un tel dialogue* (entre enseignants) *reste essentiel du fait de l'organisation des programmes par cycle,* à l'exception du français et des mathématiques ». Ces IG considéraient donc qu'en français et en mathématiques, les repères de progressivité, situés en fin de texte, constituaient les programmes. Ceux-ci n'auraient plus résidé dans les textes qui, au début des programmes, sont rédigés par cycles, pour ces deux disciplines comme pour les autres.

Si tel avait été le cas, pour la première fois depuis la création de l'École de la République, elle n'aurait plus disposé de programmes définis sur 2 ans au moins (cours élémentaires, cours moyens puis cycles), mais de programmes définis annuellement. C'était évidemment un moyen d'obtenir que tel ou tel formalisme soit enseigné en début de cycle, et non en milieu ou en fin de cycle. C'était aussi un puissant moyen pour brider la créativité pédagogique, soupçonnée de fuir les exigences des apprentissages.

Limiter la diffusion d'idées différentes

La diffusion des idées et des pratiques dont la DGESCO était persuadée qu'elles sont les bonnes procédait, si nécessaire, d'un certain caporalisme. Dans la stratégie utilisée, il fallait évidemment limiter au maximum la diffusion d'autres idées. C'est ainsi que sous Robien-Darcos-Chatel, nous sommes quelques chercheurs qui, après un article sur le *Café*, étions assez régulièrement avertis de la suppression de telle ou telle conférence dans telle ou telle circonscription. Le motif avancé était souvent le souci de « *rester dans la ligne directrice définie dans le département* ». Il ne faut pas croire que les IEN en question recevaient nécessairement des consignes venues de la DGESCO : lors des regroupements annuels, on leur avait seulement fait intérioriser qu'en matière de choix pédagogiques, il y avait une ligne à suivre. Peu importait que le propos tenu sur le *Café* se situe dans la légalité des textes et notamment des programmes, que l'argumentation soit scrupuleuse, qu'elle s'appuie sur des faits avérés, si la ligne défendue semblait trop hétérodoxe, certains IEN décidaient de ne pas en informer les professeurs d'écoles de leur circonscription.

Mais, bien entendu, la quasi-totalité des IEN ont refusé cet ostracisme et cela a eu, pour ce qui me concerne, un effet paradoxal : je n'ai jamais reçu autant d'invitations à faire des conférences que depuis 2007. Il faut dire que cette forte demande est aussi consécutive à la parution, cette année-là, d'un ouvrage *Premiers pas vers les maths*, petit livre de vulgarisation scientifique qui présente les idées avancées au début de ce texte. Les choix pédagogiques faits sont évidemment expliqués de façon argumentée, en se référant aux résultats des recherches scientifiques disponibles. Le niveau de lecture de cet ouvrage est comparable au présent texte. Cela n'a pas empêché sa diffusion à plus de 20 000 exemplaires, ce qui montre que des milliers de professeurs des écoles ressentent bien les problèmes que leur pose l'enseignement du nombre à l'école maternelle et sont à la recherche d'éclairages psychologiques et de pistes pédagogiques alternatives.

Il s'agit d'un ouvrage professionnel dont la cible ne dépasse guère les enseignants de maternelle et leurs formateurs, (il paraîtrait normal que des étudiants en psychologie s'y intéressent aussi). Une fraction importante de ce lectorat potentiel l'a donc lu, sans doute grâce au bouche à oreille car l'existence de *Premiers pas vers les maths* n'est nulle part mentionnée dans les textes pédagogiques institutionnels et ne figure pas parmi les ouvrages recommandés par l'ESEN sur son site. Et, lors des conférences, il y a régulièrement des enseignants qui viennent me voir en me disant : « Ça marche » (ce qu'il faut recevoir avec circonspection, évidemment). Il n'y aura bientôt plus que les responsables de la DGESCO et ceux qui travaillent à leur contact pour ne pas savoir qu'il y a là un corps de pratiques pédagogiques dont des milliers d'enseignants considèrent qu'elles valent la peine d'être essayées.

Un Institut français de l'éducation aussi ambivalent que l'ex-INRP

L'IFÉ (Institut français de l'éducation), situé à Lyon et qui a succédé à l'INRP, a lui aussi eu un rôle ambivalent pendant cette période, vraisemblablement du fait de ses liens avec le ministère. Considérons par exemple la Conférence nationale sur l'enseignement des mathématiques qui s'est tenue en mars 2011 à Lyon.

Il s'agissait d'une organisation conjointe DGESCO - IFÉ. Aux commandes, il y avait donc un inspecteur général de mathématiques et un professeur de didactique des mathématiques de l'IFÉ. Ces deux personnes m'ont sollicité pour une audition préparatoire à la conférence : ils souhaitaient que j'intervienne sur le thème des manuels scolaires. J'ai consacré beaucoup d'énergie à essayer de leur expliquer que, de façon récente, j'avais travaillé à avancer une explication à la baisse des performances en calcul. J'ai souligné qu'à ma connaissance, c'était la première explication qui était avancée d'un phénomène très surprenant (entre 1970 et 1986, on obtenait de bien meilleurs résultats en enseignant beaucoup plus tardivement !). J'ai défendu l'idée que le thème des manuels scolaires est plutôt mineur par rapport à celui-là. Ils refusèrent que je change de thème en m'écrivant : « *Nous cherchons des éléments d'observation, d'analyse et de consensus, plutôt que l'argumentation contradictoire des diverses positions des chercheurs.* »

On ne peut être plus clair : surtout pas de débat ; il faudrait que le consensus concernant un phénomène aussi désarçonnant (enseigner bien plus tardivement conduit à de meilleurs résultats) précède l'argumentation. Empêcher un débat à propos d'un tel phénomène, c'est faire la démonstration que l'on n'en souhaite sur aucun sujet important.

C'est en composant avec le thème qu'ils m'imposaient (en le traitant à travers les manuels d'avant et d'après 1986) que j'ai pu intervenir 20 minutes devant la « commission d'experts » sur les raisons de l'effondrement du calcul en France. Cette contribution n'a pas été retenue pour être présentée le jour de la conférence… et ce fut dès lors presque par effraction que le texte « *Les pratiques qu'il faut éviter en maternelle et au CP : les leçons d'une expérimentation à l'échelle de la nation* » fut mis en ligne sur le site de l'IFÉ, educmath.

Y aurait-il un défaut dans l'analyse qui y est faite du basculement de 1986 ? Sinon, ce qu'elle met en évidence, à savoir que 1986 est la date du basculement et non 1970, ne peut laisser indifférent quiconque cherche à comprendre les raisons de l'effondrement des performances en calcul. Mais, jusqu'au changement de gouvernement, en mars 2012, ce texte n'a provoqué aucun écho auprès des responsables concernés.

Tout cela, en effet, se passait sous Robien-Darcos-Chatel.

LES TROIS AVENIRS POSSIBLES

En considérant les positions prises aujourd'hui par les uns et les autres, et avant un débat dont il faut espérer qu'il aura lieu, trois avenirs s'avèrent possibles qui vont être présentés maintenant : « Les TICE au secours du basculement de 1986 » ; « Davantage de ludique et moins de symbolique » et, enfin « La réappropriation d'une culture pédagogique des premiers apprentissages numériques ».

Les TICE au secours du basculement de 1986

La première possibilité serait de conserver l'hypothèse de Ermel (1990), celle qui est à la base de tous les programmes depuis 1986 : il faut, le plus tôt possible, enseigner le comptage « à la Gelman », celui qui s'effectue le plus souvent dans les familles, en théâtralisant la correspondance 1 mot — 1 objet. Cette hypothèse est conforme au cheminement ordinaire des enfants aux États-Unis, mais cela revient à gommer deux spécificités culturelles des enfants français : d'une part, ils disposent d'une langue qui, contrairement à l'anglais, explicite mal ce que sont les nombres et, d'autre part, ils ont la possibilité de fréquenter une école maternelle.

Les difficultés d'un tel cheminement vers la compréhension des nombres et l'accès au calcul, y compris aux États-Unis, sont bien documentées en psychologie. Cependant, des outils pédagogiques venant de ce pays peuvent améliorer ce cheminement ; ils prennent le plus souvent la forme de logiciels informatiques et il a été prouvé expérimentalement qu'ils améliorent les performances dans certaines tâches numériques, celles qui sont assez directement liées au comptage. Des outils élaborés en

France dans le même esprit existent également. Les TICE vont-elles conduire à faire l'économie d'une critique du basculement de 1986 ?

La plupart de ces outils reposent sur un jeu de déplacement sur une file numérotée qui sert de piste et, donc, sur un enseignement du comptage-numérotage. À ma connaissance, aucun progrès n'a été mis en évidence sur le long terme concernant le calcul exact. La façon remarquable dont les plus éminents pédagogues du xxe siècle décrivaient les conditions du progrès chez les élèves, le grand nombre de recherches en psychologie qui confortent leurs analyses et, enfin, l'étude de la DEPP conduisent à penser que le choix d'utiliser ce type d'outils en GS ou en CP serait une erreur. Elle conduirait à retarder encore l'heure d'une authentique refondation de la pédagogie du nombre. Si l'on tient absolument à l'usage des TICE, faisons des appels à projet et encourageons les enseignants à utiliser des logiciels qui favorisent vraiment les apprentissages conceptuels des premiers nombres (comptage-dénombrement, décompositions…).

Davantage de ludique et moins de symbolique

La deuxième possibilité sera débattue à partir de propos récents d'un des grands chercheurs actuels en psychologie, mais ces propos ont une portée qui va bien au-delà d'une prise de position personnelle. Ils semblent en effet apporter une réponse à un problème qui se pose effectivement : celui de la résurgence d'un phénomène de « primarisation de l'école maternelle ». Ces propos sont très relayés par le SNUIPP qui, depuis longtemps, alerte sur les dangers de ce phénomène. Les propos de ce chercheur doivent également être reçus très positivement par certains parents d'élèves dont les enfants souffrent de la primarisation de l'école maternelle. Ainsi, parmi les trois avenirs possibles, celui-ci n'est pas le plus improbable. Il a d'autant plus de chance d'être soutenu qu'un compromis avec la position qui vient d'être exposée n'est pas si difficile que cela à trouver, l'usage de logiciels enseignant le comptage-numérotage en GS étant compatible avec cette deuxième possibilité.

Il y a deux questions auxquelles le chercheur qui s'est fait le porte-parole de cette deuxième possibilité apporte des réponses différentes de celles avancées dans ce texte : comment, en PS et en MS, faut-il enseigner les 3 – 4 premiers nombres et faut-il, en GS, continuer à enseigner le comptage « à la Gelman » ? Elles vont être successivement abordées.

Comment, en PS et en MS, faut-il enseigner les 3 – 4 premiers nombres ?

Dans le numéro d'avril 2012 de *Fenêtres sur cours*, le journal du SNUIPP, la question suivante est posée à ce chercheur : « *Quelles activités peut-on proposer à l'école maternelle pour aider les enfants dans leurs premiers apprentissages ?* » Il répond :

« *C'est une question importante. Faut-il mettre en place très tôt des exercices avec l'objectif de procéder à un enseignement de l'arithmétique ? Ou bien plutôt proposer des activités à dominante ludique avec l'idée d'aborder la manipulation des quantités, l'ajout, le retrait sans l'évoquer en termes symboliques ? La tentation pour les adultes de vouloir que les enfants utilisent et manipulent les noms des nombres entre deux ans et demi et quatre ans va à l'encontre des recherches qui montrent que l'enfant a besoin de beaucoup de temps pour construire de façon durable et articulée les nombres de 1 à 5.* »

Il faut commencer par souligner les aspects positifs d'une telle prise de position : oui, comme Viviane Bouysse l'a récemment rappelé, l'école maternelle s'est primarisée au sens où des activités qui étaient auparavant l'apanage de l'école élémentaire se sont diffusées à l'ensemble de l'école primaire, parfois pour le meilleur, souvent pour le pire. L'une des conséquences est évidemment que les activités ludiques sont en régression à l'école maternelle. Par ailleurs, il est vrai que les recherches en psychologie ont montré que l'enfant a besoin de beaucoup de temps pour construire de façon articulée les nombres de 1 à 5. On pourrait même ajouter que les 5 premiers nombres se construisent dans l'ordre : on ne peut pas espérer qu'un enfant comprenne le nombre 3 s'il ne comprend pas les nombres 1 et 2 ; on ne peut pas espérer qu'un enfant comprenne le nombre 4 s'il ne comprend pas les nombres 1, 2 et 3 ; on ne peut pas espérer…

Mais, parce qu'il y a un « mais », on comprend mal ce que veut dire « *aborder la manipulation des quantités, l'ajout, le retrait sans l'évoquer en termes symboliques* » : cela veut-il dire sans parler ? De façon plus nette, il faut absolument l'affirmer : ce chercheur ne devrait pas reprocher aux adultes « *de vouloir que les enfants utilisent et manipulent les noms des nombres entre deux ans et demi et quatre ans* ». En effet, ces adultes ont raison de procéder ainsi s'il s'agit des 3 premiers nombres et si les noms de nombres sont utilisés pour exprimer les décompositions de ces petits nombres. Des milliers d'enseignants le font dès la PS et aucune recherche ne prouve que cela nuirait.

Il s'agit d'une interview et il se pourrait que les propos attribués à ce chercheur reflètent mal ce qu'il pense. Cependant, le compte rendu de son intervention à l'université d'automne 2012 du SNUIPP affirme : « *Un enfant ne comprend pas spontanément qu'une carte de "deux lions" va avec une carte de "deux fourmis"... Il faut bien attendre quatre ans pour que cela soit acquis...* » Le journaliste qui signe ce compte rendu choisit d'ailleurs comme titre une formule qui résonne comme un mot d'ordre : « *N'allez pas trop vite* ». Ce mot d'ordre sera compris par de nombreux enseignant comme : « *Ne vous y prenez pas trop tôt* ». Il aurait été préférable de dire : « *Enseignez les premiers nombres dès que l'enfant entre dans le langage, mais enseignez-les bien* ».

Certes, un enfant ne comprend pas spontanément le nombre 2 parce qu'il doit apprendre à distinguer les actions permettant de former les collections de 2 unités des actions qui conduisent à des collections plus nombreuses. Mais il est possible de lui enseigner le nombre 2 à l'école dès qu'il entre dans le langage. Si l'enseignant renonce à tout usage du mot « deux » en tant que numéro ; s'il commente à haute voix ses propres actions lorsque lui-même forme une collection de 2 chaises, de 2 enfants... : « J'ai besoin de deux chaises, j'en prends une et encore une ; ça y est, j'ai deux chaises » ; s'il demande régulièrement à cet enfant de lui donner deux cubes, en reformulant cette demande : « un cube et encore un autre » ; s'il effectue ce type de demande en variant les unités, il n'y aucune raison pour qu'il faille attendre quatre ans pour que l'enfant comprenne le nombre 2 et même le nombre 3.

L'enjeu de ce premier désaccord : la démocratisation de l'enseignement des nombres

Ce point de désaccord est crucial. En effet, lorsqu'on enseigne les 3 premiers nombres précocement en explicitant leurs décompositions, cela conditionne toute la suite des apprentissages numériques, notamment pour les enfants qui ne bénéficient pas d'échanges familiaux dans lesquels les mots-nombres ont une signification cardinale. C'est vraisemblablement à cet âge que l'école peut influer de la manière la plus efficace pour un accès plus démocratique à de bonnes connaissances numériques.

Tous les parents lecteurs de ce texte savent que leurs enfants, à 4 ans, ont souvent compris les 4 premiers nombres. Ils n'ont généralement pas pleinement conscience de ce qui a été crucial dans ce progrès : de nombreux échanges langagiers où les mots-nombres de « un » à « quatre » ont été utilisés avec leur signification cardinale (« les deux yeux », « les trois ours », par exemple). N'est-ce pas la première des responsabilités des enseignants de PS et de MS que de permettre à l'ensemble des enfants de bénéficier de tels échanges ? On sait que les enfants issus de milieux socioculturels éloignés de cette problématique pédagogique réussissent beaucoup moins bien que les autres. N'est-ce pas la première des responsabilités des enseignants de PS et de MS que de permettre à ces enfants-là de bénéficier d'échanges encore plus explicites que ceux que l'on observe habituellement dans les familles parce qu'ils facilitent l'interprétation des actions d'ajout et de retrait ? L'enjeu de ce premier point de désaccord est donc la démocratisation de l'enseignement des nombres. Examinons maintenant le second.

Faut-il, en GS et au CP, enseigner le comptage-numérotage (« à la Gelman ») ?

On lit dans le compte rendu de l'intervention du même chercheur à l'université d'automne du SNUIPP que l'enfant doit « *dire les noms des nombres sans oubli ni erreur d'ordre, en vérifiant le principe de correspondance terme à terme entre nom et objet, par pointage successif canonique : après avoir dénombré, l'enfant doit savoir dire "combien il y en a en tout, sans recompter". Si on joue avec les enfants avec une "marionnette qui ne sait pas compter", à qui il faut apprendre à compter, on peut multiplier les situations d'erreurs (oubli d'un numéro...) jusqu'à ce que chacun sache ce qu'il faut faire pour réussir.* »

Revoilà donc l'entraînement au respect des principes du comptage selon Gelman ! Il est scientifiquement prouvé aujourd'hui qu'une large fraction d'enfants (1/3 dans l'étude citée précédemment de Sarnecka & Carey) répètent le dernier mot d'un comptage-numérotage alors que ce comptage est un comptage mécanique. Pourquoi faudrait-il les entraîner à utiliser une « règle du dernier mot prononcé » ? D'après la logique de l'exposé, l'activité décrite doit se situer vers la GS, ce qui est un peu moins pernicieux qu'en petite section. Mais encore une fois, c'est ce type d'enseignement qui, entre 1923 et 1986, a été fortement critiqué et même rejeté dans la culture pédagogique française. Que ce soit en GS, que ce soit au début du CP, il y a toujours quelques enfants qui n'ont pas encore compris les premiers nombres, et ce type d'entraînement a pour eux des effets délétères.

Même pour les autres élèves, il n'est pas à recommander. Pendant des dizaines d'années, les écoliers français se sont passé de ce type d'entraînement qui fait obstacle au calcul et, de fait, ils calculaient mieux. L'étude de la DEPP conduit à conclure que mieux vaut ne rien faire que ce type d'entraînement. Et, d'un point de vue théorique, on comprend bien pourquoi il en est ainsi : le comptage-numérotage privilégie une autre signification des mots utilisés que celle des nombres cardinaux et du calcul et il oblige à un apprentissage implicite de ce dernier (sauf à répéter les « tables » par cœur).

Dans l'école française d'aujourd'hui, quand la théorie de Gelman sort par la porte (abandon de l'idée que les enfants comprendraient les principes de manière précoce, grâce à une connaissance innée), elle rentre par la fenêtre (entraînement à compter en respectant ces principes en GS et/ou au CP). C'est certainement une conséquence du fait que l'enseignement du comptage « à la Gelman » est aussi celui de sens commun. Pourtant, aucun spécialiste n'a encore argumenté afin que l'on comprenne pourquoi il faudrait choisir d'enseigner le comptage sous la forme du comptage-numérotage plutôt que sous celle du comptage-dénombrement. Pourquoi faudrait-il nécessairement qu'à l'école, les enfants apprennent le comptage comme cela se fait le plus souvent dans les familles ?

De nombreux arguments contre un tel enseignement ont été avancés dans ce livre. En voici un autre. Auparavant, il faut rappeler que dans cette activité, la marionnette se trompe parfois parce qu'elle saute un mot-nombre lors de son comptage-numérotage. Elle compte ainsi, par exemple : « 1 (un objet est pointé) ; 2 (un autre objet est pointé) ; 3 (un autre) ; 4 (un autre) ; 6 (le dernier objet est pointé) ; il y a six jetons ». Pour les défenseurs de cette activité, c'est un moyen d'enseigner le « principe de suite stable » (il faut dire les mots-nombres dans l'ordre, sans en oublier). Imaginons que la poupée fasse la même erreur, mais dans le contexte d'un comptage-dénombrement explicite. La marionnette déplacerait successivement les 5 cubes d'une collection, par exemple, en disant : « 1 ; et encore 1, 2 ; et encore 1, 3 ; et encore 1, 4 ; et encore 1, 6 ; il y a 6 jetons » ; et la tâche des enfants serait, comme dans l'activité originelle, de trouver l'erreur. Lorsqu'on échange avec des enseignants chevronnés à propos d'un tel scénario d'activité, ils sont dubitatifs. Cela ne leur plaît guère de mettre en scène l'erreur qui consiste à dire à un enfant que 4 plus 1 est égal à 6 pour qu'il proteste en disant que c'est faux. Interrogeons-nous : pourquoi la mise en scène d'erreurs ne soulève-t-elle aucune objection dans un cas alors qu'elle indispose dans l'autre ? Ne serait-ce pas parce que, dans un cas, il s'agit d'un apprentissage qui peut se réaliser sans signification alors que dans l'autre, on vise la compréhension ?

On peut apprendre mal de façon ludique

Il y a de toute évidence des confusions à lever : l'activité de la marionnette qui se trompe est une façon très ludique d'apprendre à respecter les règles du comptage « à la Gelman ». Mais pour de nombreux élèves, cela les met dans une situation similaire à celle du jeu « Jacques a dit… » : ils sont conduits à respecter des règles qui n'ont aucune raison sinon le bon vouloir de l'adulte qui anime le jeu. On peut apprendre mal de façon ludique. À l'école, il faut rechercher des activités ludiques qui permettent de bien apprendre.

Ceux qui, aujourd'hui, mettent en avant les dysfonctionnements résultant de la primarisation de l'école maternelle, qui appellent à plus de manipulation, à plus de jeu, ont raison. Mais si cela ne s'accompagne pas d'une critique du basculement de 1986, l'École de la République sera perdante sur tous les tableaux : celui de la démocratisation de l'enseignement des nombres, celui de l'élévation générale du niveau en calcul des écoliers français et, en fin de compte, celui de l'autonomie de l'école face aux lubies de tels ou tels personnalités ou mouvements politiques. Immanquablement, en effet, il y aura dans le futur un autre ministre qui appellera alors à moins de jeu et à plus de symbolique afin que les élèves « se remettent au travail ». À moins qu'il demande carrément d'en finir avec l'école maternelle française...

Poser le problème ainsi, ce serait fermer la porte, peut-être de façon définitive, à la possibilité d'une véritable culture professionnelle chez les enseignants de l'École de la République, ce serait permettre que des questions qui sont avant tout didactiques et pédagogiques restent aisément instrumentalisées dans un sens ou dans l'autre par des responsables politiques pour des opérations de communication.

Reconstruire une culture pédagogique des premiers apprentissages numériques

En effet, la troisième et dernière possibilité consiste à s'engager dans la reconstitution d'une culture professionnelle qui intègre les leçons du passé. Il faut former les enseignants à l'histoire des discours et des pratiques scolaires : que disaient les enseignants qui nous ont précédés ? que leur demandait-on de faire dans leur classe ? quels outils utilisaient-ils ? sur quelles connaissances en psychologie les prescripteurs fondaient-ils leurs convictions ? sur quels critères décidait-on que telle ou telle pratique pédagogique « marche » ? etc.

Il faut que cette culture professionnelle enveloppe la dimension langagière des principaux apprentissages scolaires (les mots-nombres sont des noms et des adjectifs qui font partie de la langue). On dispose en effet de théories générales très performantes sur la façon dont un enfant qui entre dans le langage s'approprie le lexique. Il faut s'interroger sur ce que nous disent ces théories dans le cas particulier où ces mots sont des mots-nombres. La théorie d'Ellen Markman (1989, 1990), par exemple, permet de comprendre pourquoi les enfants interprètent les mots-nombres comme des sortes de numéros lors d'un comptage « à la Gelman ». Et, quand on utilise des travaux de psychologie, il faut savoir s'ils ont été menés avec des enfants anglophones ou francophones. On a vu que ce n'est pas anodin. Il faut également former les enseignants à reconnaître les difficultés résultant de la polysémie du mot « un » dans notre langue, etc.

Insistons : il s'agit de reconstruire une culture professionnelle qui intègre les leçons du passé et qui, si possible, aille au-delà de ce qu'était la culture professionnelle d'antan. Ainsi, un certain nombre de distinctions avancées ces 25 dernières années semblent indispensables aujourd'hui parce qu'elles permettent de comprendre pourquoi les pédagogues ont, dans l'histoire, apprécié alternativement en termes de rejet et d'engouement certains outils culturels comme le comptage, l'usage des configurations numériques (les points du dé, les doigts, par exemple) ou encore celui des doigts pour trouver le résultat d'un ajout ou d'un retrait. Chacun de ces outils culturels a été tantôt interdit, tantôt prôné, chacun d'eux a été l'objet de débats passionnés qui conduisaient à des positions partisanes.

Distinguer le comptage-numérotage et le comptage-dénombrement

La première de ces distinctions indispensables est, bien entendu, celle entre comptage-numérotage et comptage-dénombrement : on aura compris que, selon que l'on enseigne l'une ou l'autre de ces deux formes de comptage, l'effet pédagogique est très différent et que bien des malentendus pourraient être levés grâce à cette distinction. Il existe un critère opérationnel simple pour procéder à cette distinction : quelle est la correspondance terme à terme privilégiée ?

Distinguer les configurations non numériques et les collections-témoins

Une autre distinction concerne les configurations numériques : les points du dé, les traits que l'on dessine les soirs d'élection en formant un carré avec une diagonale pour figurer 5 et, bien entendu, les doigts. Dans l'expression « configuration numérique », le mot « configuration » renvoie à l'idée de figure ou d'image alors que « numérique » renvoie à celle de nombre. Ces deux idées fonctionnent simultanément chez l'adulte : les soirs d'élection, face à la figure du carré et de sa diagonale, on « voit » le nombre 5. Il n'en est rien chez de nombreux enfants de maternelle.

Il y a longtemps déjà, Piaget nous a alerté : la figure (ou l'image) peut faire obstacle au nombre. L'enfant exprimant qu'il a 3 ans en montrant le pouce, l'index et le majeur n'a souvent aucune idée qu'il montre ainsi le nombre 3 parce qu'il ne montre pas « un, un et encore un » ; il montre son pouce, son index et son majeur. L'adulte montrerait-il 3 avec l'index, le majeur et l'annulaire à cet enfant que celui-ci ne reconnaîtrait plus ce qu'il associe au mot « trois » parce que l'image en a changé. En fait, lorsque l'enfant montre le pouce, l'index et le majeur, il ne considère pas ces doigts comme dépourvus de leur qualité afin de former chacun une unité : il n'y a pas de nombre. Pour bien identifier les cas où les configurations sont d'authentiques symboles numériques, j'ai proposé d'appeler celles-ci des **collections-témoins** (de points, de traits, de doigts...).

Cette distinction entre les configurations (non numériques) et les collections-témoins est tout aussi essentielle que celle entre le comptage-numérotage et le comptage-dénombrement. De même qu'il existe un critère simple pour distinguer comptage-numérotage et comptage-dénombrement, il en existe un pour distinguer une configuration non numérique et une collection-témoin : la substituabilité des éléments utilisés pour former la collection. Lorsqu'un enfant montre 3 doigts dont le pouce, on est certain qu'il utilise une collection-témoin de doigts et non une configuration non numérique seulement s'il sait que le pouce vaut « un » comme l'annulaire et, donc, s'il sait qu'il peut substituer ce dernier au premier. La distinction entre configuration et collection-témoin est fondamentale parce que jamais une configuration, lorsqu'elle est une image, ne provoque la sorte d' « illumination » conduisant à considérer 4 comme 2 + 2 ou comme 3 + 1 ; « illumination » que Piaget, avec raison, préférait interpréter comme une réflexion sur des actions.

Distinguer le comptage sur les doigts et le calcul sur les doigts

Enfin, dernière distinction : celle entre le comptage sur les doigts et le calcul sur les doigts. Pour définir ce dernier, considérons l'exemple d'un enfant de 4 ans 6 mois qui cherche 6 différences entre deux dessins qui, à première vue, sont ceux d'un même paysage (Brissiaud, 1991). Or, en dépit des apparences, ces deux dessins diffèrent par 6 détails (il s'agit donc de trouver « 6 erreurs » dans la copie du dessin). Ce jeu lui a été proposé parce qu'il maîtrise bien l'utilisation de collections-témoins de doigts jusqu'à 6. Il sait donc représenter 6 de la manière qui est canonique en France : une main complète plus le pouce de l'autre main, les deux pouces étant l'un à côté de l'autre. Alors que l'enfant a déjà trouvé 4 erreurs et qu'il les a entourées, l'adulte lui demande combien il doit encore en trouver et il répond « deux » en montrant les deux pouces.

Le schéma qui suit permet de comprendre son raisonnement : dans la collection-témoin canonique de 6, cet enfant a isolé 4 doigts parmi les 5 (ce sont les 4 erreurs de copie qu'il a déjà repérées) et il montre les 2 doigts restants (ce sont les erreurs qu'il faut encore chercher).

Six c'est quatre et... deux

Il ne s'agit évidemment pas d'un comptage sur les doigts, encore moins de la « gesticulation digitale » qu'évoquait Henri Canac. Dans le comptage sur les doigts, ceux-ci sont égrenés les uns après les autres alors que le calcul sur les doigts correspond à l'usage de stratégies de décomposition-recomposition.

On remarquera qu'un enfant ne peut calculer sur ses doigts que s'il utilise la propriété de substituabilité des doigts évoquée précédemment (ici, les collections-témoins que cet enfant utilise pour 4 et pour 2 ne sont pas les collections canoniques). Seul l'usage de collections-témoins permet l'accès au calcul, l'usage de configurations non numériques l'interdit. Toutes les études montrent que les enfants « mal débutés » s'enferment dans le comptage 1 à 1 sur les doigts alors que tous les exemples documentés d'enfants qui calculent sur leurs doigts (enfants asiatiques, monographie d'enfant français qui calcule sur ses doigts dès 4 ans, certains enfants sourds profonds...) les décrivent comme progressant rapidement (Fuson & Kwon, 1991 ; Brissiaud, 1995b).

Des distinctions qui doivent faire partie de la culture professionnelle des enseignants

Il faut insister sur le fait que toutes ces distinctions, comptage-numérotage et comptage-dénombrement, configurations et collections-témoins, comptage sur les doigts et calcul sur les doigts, doivent nécessairement faire partie de la culture professionnelle d'un enseignant de maternelle. En effet, chacune permet de différencier deux comportements qu'une personne non informée ne peut pas distinguer. Celle-ci voit seulement un enfant qui compte, un enfant qui regarde des points, un enfant qui utilise ses doigts pour résoudre un problème. Or, l'un de ces comportements est compatible avec un parcours d'échec alors que l'autre est typique d'un parcours de réussite. Accepterait-on qu'un médecin ne sache pas, en regardant des grains de beauté sur la peau de ses patients, distinguer ceux qui sont sans danger et ceux qui pourraient l'alarmer ? Comment un futur document institutionnel accompagnant l'actuelle refondation de la pédagogie des premiers apprentissages numériques à l'école pourrait-il faire fi de distinctions fondamentales pour les pratiques enseignantes ?

UNE CHANCE HISTORIQUE À NE PAS RATER

Après un grand nombre d'évolutions insuffisamment contrôlées, la pédagogie du calcul à l'école dépend donc aujourd'hui de la reconstruction d'une culture professionnelle qui tisse des liens entre les connaissances actuelles sur la façon dont les enfants de maternelle apprennent à calculer et l'histoire des discours, des pratiques pédagogiques et des techniques professionnelles. En avançant dans cette voie, l'École de la République se mettrait à l'abri de toute vision idéalisée du passé comme de l'avenir et de l'instrumentalisation de questions pédagogiques par les responsables politiques qui aboutit le plus souvent à des mouvements de balancier infondés et stériles. Cette voie permettrait également de bâtir une véritable formation professionnelle liant connaissances théoriques et pratiques. Mais la finalité de tout cela est évidemment la réussite des élèves et il convient donc, avant de conclure, de revenir sur le coût de l'échec scolaire induit par le basculement de 1986.

Estimer l'échec scolaire induit par le basculement de 1986

Pour estimer cet échec induit, il convient évidemment de revenir aux résultats de l'étude de la DEPP (Rocher, 2008) et de comparer les performances en calcul des élèves de CM2 en 1987 et 1999. On sait que, dans ce genre de passations, les scores se répartissent approximativement selon une courbe de Gauss caractérisée par la moyenne des scores (μ) et un indice de dispersion appelé écart type (σ).

On trouve par exemple en haut de la page de droite la courbe des performances des élèves en 1999, **après la baisse**, donc (figure 1). Les élèves « en très grande difficulté » en mathématiques sont ceux dont les scores figurent dans la partie gauche de la courbe.

Mais à quelle frontière s'arrêter pour décider qui est « en très grande difficulté » et qui est faible, mais sans devoir être qualifié ainsi ? La limite est évidemment largement arbitraire. Jean-Paul Fischer (2005, 2009) a calculé que si l'on souhaite harmoniser le critère retenu avec ce qui se fait habituellement en recherche expérimentale, il convient de retenir les élèves dont le score est inférieur à la moyenne de plus de 1,65 écart type. Lorsqu'on regarde la courbe des résultats en 1999, la population d'élèves « en très grande difficulté » est ainsi proportionnelle à l'aire de la partie claire, sur la gauche de la courbe.

Pour estimer l'incidence du basculement de 1986, posons-nous la question suivante : combien d'élèves passaient seulement pour des élèves faibles en 1999 alors qu'ils auraient été considérés comme en très grande difficulté en 1987 ? Pour répondre, il suffit d'imaginer la courbe de Gauss des performances en mathématiques en 1987. Il faut l'imaginer sur la droite de celle de 1999. La figure 2 présente cette courbe en pointillé, avec un trait vertical en gras qui délimite la frontière entre les élèves « en très grande difficulté » (au sens de 1987) et ceux qui étaient seulement faibles à cette date.

Comme l'écart type a augmenté dans un rapport de 1,19 entre 1987 et 1999, un calcul simple montre que lorsqu'on s'interroge sur les élèves de 1999 qui auraient été considérés comme « en très grande difficulté » en 1987, ce sont ceux dont le score est inférieur à la moyenne de 0,84 σ et non de 1,65 σ qu'il faut retenir ; leur nombre est en nette augmentation ! La population correspondante est représentée sur la figure 3 par l'aire de la partie foncée.

Il suffit dès lors de regarder la courbe et de connaître l'effectif global d'une génération d'élèves (un peu plus de 800 000 enfants), pour voir que cette population d'élèves

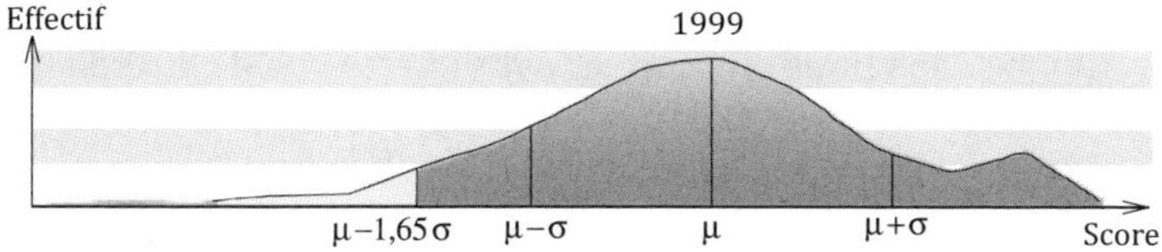

Figure 1. Courbe des performances en calcul en 1999 (d'après Rocher, 2008)

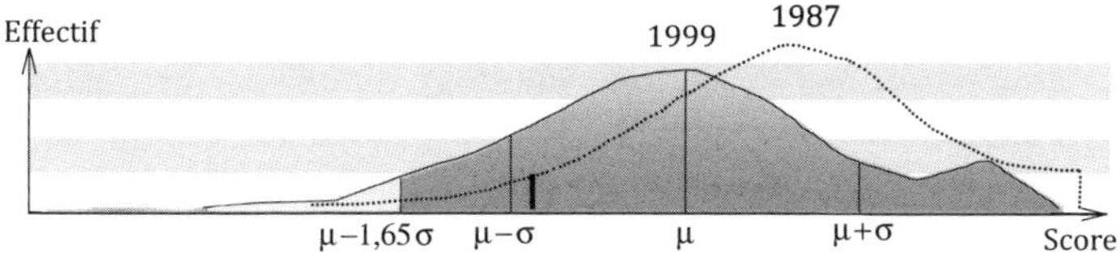

Figure 2. Courbe des performances en calcul en 1999 et 1987 (d'après Rocher, 2008)

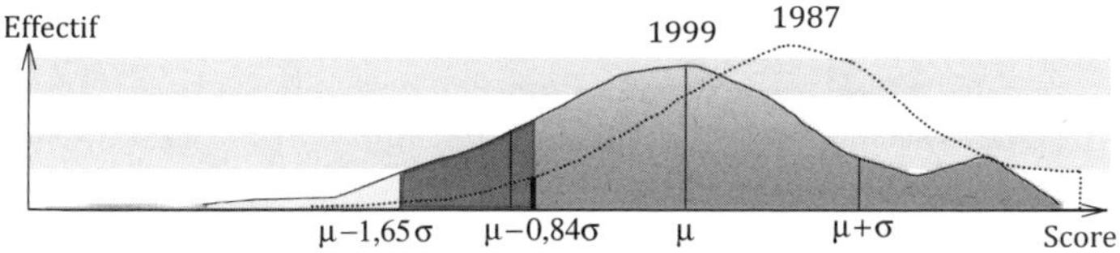

Figure 3. Courbe des performances en calcul en 1999 avec repérage des élèves qui auraient été dans la zone claire en utilisant les critères de 1987

est considérable, de plusieurs dizaines de milliers d'enfants, de plus de 100 000 élèves même.

Que faut-il en conclure ? En premier lieu que pour la quasi-totalité de ces enfants, plutôt que d'être dyscalculiques, il vaut mieux dire avec Henri Canac qu'ils ont été « mal débutés » (Brissiaud, 2012) : le niveau que ces élèves ont atteint en CM2 n'était pas inscrit dans leurs gènes, il résulte en grande partie de l'importation imprudente en France de la culture pédagogique des États-Unis. En second lieu, il faut s'interroger sur ce qu'a été l'avenir de ces jeunes au collège. En effet, lorsque le niveau général baisse, les attentes des maîtres baissent également et on peut penser que ces élèves, en CM2, n'étaient pas trop malheureux. Cependant, objectivement, ils avaient un niveau qui, peu de temps auparavant, aurait été considéré comme celui d'élèves « en très grande difficulté », un grand nombre d'entre eux auraient été diagnostiqués comme « dyscalculiques ». Qui peut penser qu'au collège leur parcours n'aura pas été celui de l'échec scolaire ?

Dans chaque génération d'élèves, le basculement de 1986 est vraisemblablement à l'origine de parcours d'échec en mathématiques se comptant par dizaines de milliers. Pour ces jeunes et pour leur famille, c'est un énorme gâchis humain. Pour le pays, cela représente un coût économique colossal : remboursement des prises en charge d'orthophonistes, défiscalisation des cours particuliers, redoublements, conséquences économiques et sociales à long terme. Pour les professeurs également, c'est beaucoup de déception et de souffrance.

Or, l'École de la République dispose aujourd'hui de tout ce dont elle a besoin pour amorcer une refondation de la pédagogie des nombres et retrouver les performances qui étaient les siennes. Elle peut même espérer faire mieux que jamais.

Une chance historique de refonder la pédagogie des nombres : il faut la saisir

Nous avons la chance de pouvoir profiter des résultats de l'étude de la DEPP. Cette étude, en effet, a bénéficié de circonstances historiques exceptionnelles. Qui aurait pu imaginer qu'un jour, il serait possible de mener une sorte d'expérimentation à l'échelle de la nation (voir l'encadré) ?

Pour monter une expérimentation, en effet, il convient, de façon idéale, de disposer de 2 échantillons représentatifs de la population générale, l'un qui a appris dans une condition (absence d'enseignement du comptage-numérotage) et l'autre dans l'autre condition (enseignement du comptage-numérotage). Or, disposer de tels échantillons est *a priori* extrêmement difficile. En effet, enseigner le

Vers une « épidémiologie » de la baisse des performances (suite) : l'étude de la DEPP est une sorte d'expérimentation

A priori, on pouvait sérieusement douter que la recherche des causes de l'effondrement des performances en calcul à laquelle nous nous sommes livré dans le chapitre 2 conduirait à une quelconque certitude.
En effet, la hantise des chercheurs qui se lancent dans une recherche de type « épidémiologique » est le grand nombre de variables qui changent en parallèle. La plupart du temps, ils découvrent des facteurs confondus et leurs conclusions sont alors très incertaines. Or, ce n'est pas le cas avec cette étude : jusqu'à preuve du contraire, nous avons vu dans le chapitre 2 que l'enseignement du comptage-numérotage est le seul facteur explicatif qui émerge, tous les autres étant contrôlés. Bien entendu, lorsqu'on parle d'« expérimentation » à propos de cette étude, celle-ci est involontaire parce que aucun chercheur n'a intentionnellement manipulé la variable présence / absence d'un enseignement du comptage-numérotage.
Mais cela ne crée aucune difficulté d'ordre épistémologique parce qu'une expérimentation involontaire conduit à des connaissances tout aussi efficientes qu'une expérimentation dans laquelle la variable est contrôlée de manière intentionnelle. Il n'y a aucune raison pour que ça ne soit pas le cas : l'important est dans le contrôle, pas dans le fait qu'il ait été intentionnel.
Ainsi, l'étude de la DEPP prouve, au sens expérimental du terme, le caractère délétère d'un enseignement du comptage-numérotage. Et cette étude est d'autant plus probante que, comme cela est montré dans ce chapitre, elle a des caractéristiques exceptionnelles.

comptage-numérotage correspond à ce que l'on peut appeler la « pédagogie selon le sens commun », et trouver un échantillon représentatif des élèves français dont on est sûr que leurs enseignants de maternelle n'ont pas cédé à la facilité d'utiliser la pédagogie de sens commun n'a rien d'évident. Or, la réforme des mathématiques modernes et les décisions radicales qui l'ont accompagnée (apprentissages numériques extrêmement tardifs) a fourni un tel échantillon : c'est celui des élèves qui, en 1987, ont participé à l'étude de la DEPP. De même, trouver un échantillon représentatif des élèves français dont on est sûr que leurs enseignants de maternelle leur ont effectivement enseigné précocement le comptage-numérotage n'a rien d'évident : lorsqu'on a fait l'hypothèse que cela se traduira par une dégradation des performances, y procéder pose des problèmes de déontologie. Or, le basculement de 1986 et le changement de culture pédagogique qui l'a accompagné (importation de la culture pédagogique des États-Unis) a fourni un tel échantillon : c'est celui des élèves qui, en 1999, ont participé à l'étude de la DEPP. Tout s'est passé comme si, par deux fois, la nation avait décidé des changements culturels rendant possible une telle expérimentation ! On n'est pas près de revivre de telles circonstances historiques. De plus, il s'agit vraisemblablement de la première et de la dernière « expérimentation » de ce type qui aura été conduite « en double aveugle » (voir l'encadré).

Nous avons la chance que la comparaison ait conduit à des résultats extrêmement clairs (une dégradation manifeste) avec un grand nombre de contrôles possibles permettant de s'assurer que la cause des performances moindres en 1999 est bien d'ordre pédagogique.

Nous avons la chance qu'une étude détaillée des causes pédagogiques possibles conduise à un diagnostic invitant à sortir du débat stérile entre « enseignants républicains » et « pédagogues ». Comme l'origine de la dégradation se situe en 1986 et non en 1970, les premiers doivent s'interroger sur ce qu'étaient réellement les pratiques pédagogiques anciennes. Par ailleurs, le bonheur que procure la lecture des textes des pédagogues du milieu du XXe siècle doit conduire ceux qui se considèrent modernes à réévaluer ces écrits. Les uns et les autres sont susceptibles de se rapprocher : il est souvent plus facile de renouer le dialogue lorsqu'il est avéré que personne ne peut camper sur ses positions.

Nous avons la chance que le diagnostic qu'il faut avancer se formule avec autant de clarté : Mathieu ne sait pas calculer parce qu'à l'école, il apprend à compter comme Matthew qui, lui-même, apprend très mal à calculer.

Nous avons la chance qu'un tel diagnostic évoque immédiatement une issue : renouer avec la culture pédagogique qui était celle des pays francophones avant le basculement de 1986.

Vers une « épidémiologie » de la baisse des performances (fin) : une expérimentation en « double aveugle » pour la première et dernière fois

De manière générale, les comparaisons de méthodes pédagogiques ne peuvent pas conduire à des expérimentations probantes du seul fait qu'il est pratiquement impossible de les conduire « en double aveugle ». On sait que dans le domaine médical, ce sont les seules expérimentations qui ont valeur de preuves. Or, l'étude de la DEPP, elle, a cette caractéristique exceptionnelle d'avoir été menée « en double aveugle ». En effet, le groupe expérimental de 1987 est un échantillon représentatif de la population des élèves de l'époque, à savoir des élèves qui n'avaient eu aucun apprentissage numérique à l'école maternelle et au début du CP (époque piagétienne de l'école) et qui ne savaient pas qu'ils faisaient partie d'un groupe expérimental parce que tous les autres élèves de France en 1987 étaient dans le même cas. On peut tenir exactement le même propos concernant les enseignants qui ont collecté les résultats. De même, le groupe expérimental de 1999 (après le « basculement » survenu vers 1986) est un échantillon représentatif de la population des élèves de l'époque, à savoir des élèves à qui on avait enseigné le comptage-numérotage à l'école maternelle dès la petite ou la moyenne section et qui ne savaient pas qu'ils faisaient partie d'un groupe expérimental parce que tous les autres élèves de CM2 de France étaient en 1999 dans le même cas. De plus, l'ingénieur statisticien (Thierry Rocher) qui a traité les résultats était complètement naïf sur la question, sa note de décembre 2008 le prouve : il n'avait aucune idée qu'une variable aussi importante, enseignement du comptage-numérotage ou non, était en jeu dans la comparaison.

Nous avons la chance qu'un tel traitement ne conduise pas seulement à la préconisation de revenir aux pratiques pédagogiques d'il y a 50 ans : rien n'est plus désespérant pour un professeur d'écoles que d'avoir l'impression de devoir faire ce qui se faisait il y a 50 ans et qui a été rejeté il y a 25 ans. Il n'est pas question aujourd'hui de dire aux enseignants : « Ne faites plus compter vos élèves à l'école ». Mais plutôt : « Attention ! il y a deux formes de comptage, l'une fait obstacle au progrès vers le calcul, l'autre le favorise ; il y a une façon simple de distinguer ces deux façons d'enseigner le comptage… ». Il n'est pas question de leur dire « Bannissez tout usage des constellations du dé de votre classe », mais plutôt : « Attention ! ces configurations peuvent fonctionner de manière numérique ou non ; il y a une façon de savoir ce qu'il en est… ». Il n'est pas question de dire aux enseignants « Empêchez vos élèves d'utiliser leurs doigts pour résoudre un problème numérique », mais plutôt : « Attention ! il y a deux façons d'utiliser les doigts, l'une fait obstacle au progrès vers le calcul, l'autre le favorise ; il y a une façon simple de distinguer ces deux façons... ».

Nous avons la chance qu'une meilleure connaissance des différentes façons de parler les nombres aux enfants de 2 – 4 ans ouvre une perspective de démocratisation de l'accès à de bonnes connaissances numériques initiales qui sont la condition *sine qua non* de la réussite ultérieure en mathématiques.

Nous avons la chance que, sous les ministres Robien-Darcos-Chatel, une sorte de mouvement de résistance pédagogique se soit développé, impliquant IEN, conseillers pédagogiques et de nombreux professeurs d'écoles, à moins qu'il ne s'agisse plus simplement d'un mouvement de « réalisme professionnel » venant du terrain confronté à des problèmes sérieux avec de nombreux élèves. Ces professionnels ont permis que des pratiques pédagogiques efficientes s'élaborent et qu'elles puissent être aujourd'hui rassemblées et développées.

Nous avons la chance que la refondation de l'école soit aujourd'hui à l'ordre du jour parce que le changement de majorité rend possible une authentique formation professionnelle permettant d'outiller les enseignants sur les plans historique, conceptuel, technique et de les aider à adopter une posture réflexive. On imagine mal, en effet, qu'il soit possible de reconstruire la culture pédagogique évoquée dans ce texte sans un développement important de la formation professionnelle initiale et continue.

Nous avons toutes ces chances et nous passerions à côté ?

Bibliographie

Bandet, J. (1962). *Les Débuts du calcul,* Paris, Bourrelier.

Baroody, A., Bajwa, N. & Eiland, M. (2009). Why Can't Johnny Remember the Basic Facts ?, *Developmental Disabilities Research Reviews*, 15, p. 69-79.

Brachet, F., Canac, H. & Delaunay, E. (1955). *L'Enfant et le nombre,* Didier, Paris.

Brissiaud, R. (1989a). *Comment les enfants apprennent à calculer – Au-delà de Piaget et de la théorie des ensembles,* Paris, Retz.

— (1989b). Compter à l'école maternelle. Oui, mais..., *Bulletin de l'Association des professeurs de mathématiques de l'enseignement public*, 367, p. 31-52.

— (1990). Calculer et compter de la PS à la GS de maternelle, *Revue Grand N*, 49, p. 37-48.

— (1991). Un outil pour construire le nombre : les collections-témoins de doigts, in J. Bideaud, C. Meljac & J.-P. Fischer (éd.), *Les Chemins du nombre,* p. 59-90, Lille, Presses universitaires.

— (1995a). Le Comptage en tant que pratique verbale : un rôle ambivalent dans le progrès des enfants, *Repères*, 12, p. 120-143.

— (1995b). *Enseignement et développement des représentations numériques chez l'enfant,* thèse de psychologie, université Paris-8.

— (2003) *Comment les enfants apprennent à calculer – Le rôle du langage, des représentations figurées et du calcul dans la conceptualisation des nombres,* Paris, Retz.

— (2007) *Premiers pas vers les maths – Les chemins de la réussite à l'école maternelle,* Paris, Retz.

— (2012) Dyscalculique ou « mal débutés » : les réponses de la comparaison 1987-99-2007 (DEPP), *Approche neurologique des apprentissages chez l'enfant (A.N.A.E.)*, 120-121, 503-510.

Brissiaud, R. & Sander, E. (2010). Arithmetic Word Problem Solving : a Situation Strategy First framework, *Developmental Science*, 13 (1), p. 92-107.

Brousseau, G. (1972). Processus de mathématisation, *Bulletin de l'Association des professeurs de mathématiques de l'enseignement public*, p. 57-84.

Canac, H. (1955). L'Initiation au calcul entre 5 et 7 ans, in F. Brachet, H. Canac & E. Delaunay (ed.), *L'Enfant et le nombre*, p. 9-27, Paris, Didier.

Chalon-Blanc, A. (2005). *Inventer, compter et classer – De Piaget aux débats actuels*, Paris, Armand Colin.

Davidson, K., Eng, K. & Barner, D. (2012). Does Learning to Count Involve a Semantic Induction ?, *Cognition*, 123-1, p. 162-173.

Dehaene, S. (1997-2010). *La Bosse des maths – 15 ans après*, Paris, Odile Jacob.

Droz, R. & Paschoud, J. (1981). Le Comptage et la procédure "(+1)-itérée" dans l'exploration intuitive de l'addition, *Revue suisse de psychologie*, 40, p. 219-237.

Ermel (1990). *Apprentissages numériques, cycle des apprentissages, grande section de maternelle*, Paris, Hatier.

Fareng, R. & Fareng, M. (1966). *Comment faire ? L'apprentissage du calcul avec les enfants de 5 à 7 ans*, Paris, Fernand Nathan.

Fayol, M. (2012). *L'Acquisition du nombre*, collection "Que sais-je ?", Paris, PUF.

Fischer, J.-P. (1991). Le Subitizing et la discontinuité après 3, in J. Bideaud, C. Meljac & J.-P. Fischer (éd.), *Les Chemins du nombre*, p. 235-258, Lille, Presses universitaires.

— (1992). *Les Apprentissages numériques*, Nancy, Presses universitaires.

— (2005). Le Diagnostic de dyscalculie à partir de l'évaluation en CE2 : vers une approche scientifique ?, *Nouvelle Revue de l'AIS*, 32, p. 85-98.

— (2009). Six questions ou propositions pour cerner la notion de dyscalculie développementale, *Approche neurologique des apprentissages chez l'enfant (A.N.A.E.)*, 102, p. 117-133.

— (2010). Vers une levée du mystère des écritures en miroir (des chiffres) chez l'enfant, *L'Année psychologique*, 110, p. 227-251.

Flesch, R. (1955). *Why Johnny can't read – And what you can do about it*, New York, Harper & Row.

Fuson, K. C. (1988). *Children's Counting and Concepts of Number*, New York, Springer.

Fuson, K. C. & Kwon, Y. (1991). Systèmes de mots-nombres et autres outils culturels : effets sur les premiers calculs de l'enfant, in J. Bideaud, C. Meljac & J.-P. Fischer (éd.), *Les Chemins du nombre*, p. 351-374, Lille, Presses universitaires.

— (1992). Korean Children's Single-digit Addition and Substraction : Numbers Structured by Ten, *Journal for Research in Mathematics Education*, 23 (2), p. 148-165.

Geary, D. C. (2005). Les Troubles d'apprentissage en arithmétique : rôle de la mémoire de travail et des connaissances conceptuelles, in M.-P. Noël (éd.), *La Dyscalculie*, Marseille, Solal.

Geary, D. C., Fan, L. & Bow-Thomas, C. C. (1992). Numerical Cognition : Loci of Ability Differences Comparing Children from China and the United States, *Psychological Science*, 3, p. 180-185.

Gelman, R. (1983). Les Bébés et le calcul, *La Recherche*, 14 (149), p. 1382-1389.

Gelman, R. & Gallistel, C. R. (1978). *The Child's Understanding of Number*, Cambridge, Harvard University Press.

Hodent, C., Bryant, P. & Houdé, O. (2005). Language-specific Effects on Number Computation in Toddlers, *Developmental Science*, 8 (5), p. 420-423.

Labat, H., Ecalle, J. & Magnan, A. (2010). Effet d'entraînements bi-modaux à la connaissance des lettres. Étude transversale chez des enfants de 3 et 5 ans, *Psychologie française*, 55(2), p. 113-127.

Markman, E. M. (1989). *Categorisation and Naming in Children*, Cambridge, MA, MIT Press.

— (1990). *Constraints Children Place on Word Meanings*, Cognitive Science, 14, p. 57-77

MEN (1986). *L'École maternelle, son rôle, ses missions*, CNDP.

MEN/DGESCO (2010). *Aide à l'évaluation des acquis des élèves en fin d'école maternelle – Découvrir le monde – Ressources pour faire la classe à l'école*, document mis en ligne sur le site eduscol.

Mialaret, G. (1955). *Pédagogie des débuts du calcul*, Paris, Fernand Nathan (avec la collaboration de l'Unesco).

Palanque, R., Cambrouse, E. & Loubet, E. (1987). *Prépa-math – Maternelle/grande section – Dossier pédagogique*, Paris, Hachette.

Piaget, J. & Szeminska, A. (1941). *La Genèse du nombre chez l'enfant*, Paris, Delachaux et Niestlé.

Piazza, M., Fumarola, A., Chinello, A. & Melcher, D. (2011). Subitizing Reflects Visuo-spatial Object Individuation Capacity, *Cognition*, 121(1), p. 147-153.

Rocher, T. (2008). Lire, écrire, compter : les performances des élèves de CM2 à vingt ans d'intervalle 1987-2007, *Note 08.38 de la DEPP*, décembre 2008.

Sarnecka, B. W. & Carey, S. (2008). How Counting Represents Number : What Children Must Learn and When They Learn It, *Cognition*, 108(3), p. 662-674.

Savard, C. (1940). *Pages choisies de pédagogie contemporaine*, Paris, Delagrave.

Schaeffer, B., Eggleston, V. H. & Scott, J.-L. (1974). Number Development in Young Children, *Cognitive Psychology*, 6, p. 357-379.

Siegler, R. S. & Ramani, G. B. (2009). Playing Linear Number Board Games – But Not Circular Ones – Improves Low-income Preschoolers' Numerical Understanding, *Journal of Educational Psychology*, 101, p. 545-560.

Sinclair, A., Mello, D. & Siegrist, F. (1988). La Notation numérique chez l'enfant, in H. Sinclair (ed.), *La Production de notations chez le jeune enfant – Langage, nombres, rythmes et mélodies*, Paris, PUF.

Thevenot, C., Barrouillet, P. & Fayol, M. (2010). De l'émergence du savoir calculer à la résolution des problèmes arithmétiques verbaux, in M. Crahay & M. Dutrévis (éd.), *Psychologie des apprentissages scolaires*, Bruxelles, De Boeck.

Les droits d'auteur de cet ouvrage sont intégralement versés
à l'ONG Inter Aide qui soutient la scolarisation
des jeunes enfants dans les pays en développement.

Direction éditoriale : Sylvie Cuchin
Correction : Gérard Tassi
Conception de maquette : Sarbacane Design
Réalisation : Graphic Hainaut

MIXTE
Papier issu de sources responsables
FSC® C022030

N° de projet : 10204674 - N° d'impression : 402011
Dépôt légal : janvier 2013
Achevé d'imprimer en février 2014 sur les presses de la Nouvelle imprimerie Laballery